Orthographe

CE1
cycle 2

Sandrine LE NERRANT
Professeur des écoles

BORDAS

Conception couverture : Massimo MIOLA
Conception maquette intérieure : Massimo MIOLA
Illustrations : Laurence MOUSSEL
Mise en page et réalisation : GEX MOUGIN
Photogravure : GEX MOUGIN
Responsable maquette : Alexandre MILLOT
Fabrication : Patricia POINSARD
Édition : Stéphanie HOYOS-GOMEZ

ISBN 2-04-729540-8

Présentation

1. Objectifs

Ce fichier vise principalement les compétences suivantes :
- orthographier correctement un peu plus de 300 mots d'usage courant,
- respecter la correspondance graphie/phonie,
- connaître les différentes graphies d'un même son.

2. Organisation du fichier

Trois parties, utilisables à la carte, composent le fichier.

Des fiches mémo

Ces fiches récapitulent les graphies les plus fréquentes des phonèmes étudiés, ainsi que les mots à connaître. Très simples et lisibles, elles constituent une trace écrite à laquelle l'élève peut se référer en toute autonomie.

Des fiches d'exercices

À chaque mémo correspond une fiche d'exercices variés sur une double page, classés selon leur degré de difficulté. Toutes ces fiches débutent par des exercices de révision de sons (discrimination auditive et visuelle), avant d'en venir à la manipulation orthographique des mots. Elles se terminent par un jeu.
Les principales règles d'orthographe sont rappelées à l'élève lorsqu'un exercice donné invite à les mettre en évidence.
Des exercices relatifs à l'orthographe grammaticale, enfin, sont proposés tout au long des fiches d'exercices. Ils ont notamment pour but d'amener l'élève à repérer quelques marques grammaticales ou formes verbales (accords en genre et en nombre dans le groupe nominal, accords entre le verbe et son sujet...).

Des fiches d'autocorrection

Ces fiches sont pour l'élève l'occasion de constater ses progrès de façon autonome.
L'auto-évaluation (qui peut être aussi une co-évaluation) se fait de manière ludique, grâce aux trois visages à colorier qui figurent en regard de chaque exercice :

On trouvera en outre dans ce fichier :
– 30 textes de dictées ou autodictées, qui permettront de vérifier les acquis des élèves ;
– des idées d'activités de renforcement orales ou écrites.

3. Utilisation du fichier

Ce fichier a été conçu pour s'adapter à différentes pédagogies de classe.
Dans le cadre d'une systématisation, l'enseignant pourra proposer les fiches d'exercices en guise d'entraînement individuel, à l'issue de la séance d'étude de son.
Dans le cadre d'une pédagogie différenciée, ou en vue d'une remédiation, les exercices (ou une sélection d'exercices) pourront être donnés aux élèves sous forme de contrats de travail à réaliser durant des plages horaires déterminées ou entre deux activités, en autonomie.

SOMMAIRE *général*

Pour le maître

Pour l'élève

SOMMAIRE détaillé

pour les fiches mémo, les fiches d'exercices et les autocorrections

Récapitulatif des mots à connaître

1 Le son [i] — — — —

un ami (une amie), l'île, un livre, mardi, le pays, petit (petite), un pyjama, rire, mon stylo, le tapis

2 Les sons [o] et [ɔ] — —

l'automne, beau (belle), un cadeau, le chapeau, le côté, de l'eau, la gauche, ma gomme, un mot, de l'or, la porte

3 Le son [e] — — — —

acheter, aller, un bébé, du café, la clé, l'été, une fée, un nez, ton pied, une poupée, un trésor

4 Le son [ɛ] — — — —

après, le ciel, la fenêtre, une fête, mon frère, mais, un objet, une reine, sept, la terre, vert (verte)

5 Les accents — — — —

août, drôle, l'école, février, un gâteau, le maître (la maîtresse), le marché, même, ma mère, mon père, une pièce, la tête

6 Les sons [ə], [ø] et [œ]

bleu (bleue), la cerise, le cœur, une couleur, les devoirs, le feu, une heure, mercredi, le milieu, un nœud, un œuf, ma sœur

7 Le son [s] — — — —

l'addition, aussi, dix, l'escalier, une leçon, la multiplication, le poisson, samedi, une souris, la soustraction, voici

8 Le son [z] — — — —

douze, grise (gris), un magasin, la maison, un oiseau, seize, treize, un zèbre, zéro

9 **Le son** [f] — — — — une a**ff**iche, la **f**amille, une **f**emme, une **f**erme, un **f**ermier (une **f**ermière), le **f**ils, **f**ort (**f**orte), la **f**ourmi, le paragra**ph**e, le **ph**otogra**ph**e, la **ph**otogra**ph**ie

10 **Le son** [k] — — — — un bou**qu**et, cha**c**un (cha**c**une), cha**qu**e, cin**q**, cin**qu**ante, le cir**qu**e, le **c**o**q**, un **k**iwi, o**c**tobre, **qu**and, **qu**arante, **qu**atre

11 **Le son** [g] — — — — une ba**gu**e, une ba**gu**ette, l'escar**g**ot, un **g**arçon, **g**ros (**g**rosse), une **gu**irlande, ma **gu**itare, un on**g**le, re**g**arder, le ti**g**re

12 **Le son** [ʒ] — — — — une ca**g**e, une ima**g**e, un **j**ardin, **j**eudi, **j**oli (**j**olie), **j**ouer, le **j**our, la ma**g**ie, man**g**er, na**g**er, un pi**ge**on, rou**g**e

13 **Le son** [ɑ̃] — — — — av**an**t, c**en**t, d**an**ser, dim**an**che, un **en**f**an**t, **en**s**em**ble, gr**an**d (gr**an**de), la j**am**be, le march**an**d (la march**an**de), mes par**en**ts, tr**en**te, v**en**dredi

14 **Le son** [ɔ̃] — — — — le ball**on**, un bât**on**, un champign**on**, c**om**bien, c**on**duire, le m**on**de, ma m**on**tre, un r**on**d, une r**on**de, t**om**ber

15 **Le son** [ɛ̃] — — — — la f**aim**, **im**possible, un lap**in**, l**un**di, la m**ain**, mal**in**, le mat**in**, un moul**in**, p**ein**dre, qu**in**ze, v**in**gt

16 **Le son** [ɲ] — — — — l'arai**gn**ée, la bai**gn**oire, la campa**gn**e, un chi**gn**on, une consi**gn**e, la monta**gn**e, mon pei**gn**e, sai**gn**er, souli**gn**er, la vi**gn**e

17 Le son [j] — — — —

mon cah**i**er, un cra**y**on, h**i**er, janv**i**er, pa**y**er, un p**i**éton, prem**i**er, vo**y**ager, une vo**y**elle, les **y**eux

18 Les sons [ij], [aj], [ɛj], [œj] et [uj] — —

un coqu**ill**age, un faut**euil**, une f**euill**e, une f**ill**e, une gren**ouill**e, un m**aill**ot, une or**eill**e, le sol**eil**, le trav**ail**

19 La lettre x — — — —

deu**x**, dou**x** (douce), un e**x**amen, une e**x**ception, heureu**x** (heureuse), joyeu**x** (joyeuse), si**x**, soi**x**ante, un ta**x**i

20 La lettre h — — — —

un **ch**ant, un **ch**at (une **ch**atte), **ch**aud (**ch**aude), **ch**er**ch**er, **h**aut (**h**aute), une **h**erbe, l'**h**iver, l'**h**omme, **h**uit, un **ph**are, une **ph**armacie

21 Ne pas confondre « ai » et « ia », « ain » et « ian » — —

un **ai**gle, une **ai**le, un av**ia**teur, la ch**ai**se, f**ai**re, jam**ai**s, une l**ia**ne, m**ai**, du p**ain**, la v**ian**de

22 Ne pas confondre « ein » et « ien » — —

b**ien**tôt, une c**ein**ture, un ch**ien** (une chienne), enc**ein**te, ét**ein**dre, un gard**ien** (une gardienne), un music**ien** (une musicienne), un p**ein**tre, pl**ein**, r**ien**

23 Ne pas confondre « oin » et « ion » — —

un av**ion**, avoir bes**oin**, un cam**ion**, le f**oin**, un l**ion** (une lionne), l**oin**, la pass**ion**, une quest**ion**, le s**oin**, une télévis**ion**

24 Ne pas confondre « on », « oi » et « ou » — — la dr**oi**te, fr**oi**d (fr**oi**de), un hériss**on**, un m**ou**ch**oi**r, **ou**vrir, un r**oi**, av**oi**r s**oi**f, le s**oi**r, t**ou**s (t**ou**tes), t**ou**t (t**ou**te), tr**oi**s, une tr**ou**sse

25 Ne pas confondre [s] et [z] — — la cla**ss**e, la cui**s**ine, mer**c**i, un mor**c**eau, on**z**e, per**s**onne, pe**s**er, quator**z**e, la **s**alade, **s**eul (**s**eule), le **s**inge

26 Ne pas confondre [f] et [v] — — a**v**ril, un che**v**al, di**ff**icile, un **f**antôme, une gira**f**e, neu**f** (neu**v**e), une **ph**rase, le **v**ent, la **v**ie, la **v**ille, **v**oir

27 Ne pas confondre [g] et [ʒ] — — un **g**laçon, **j**aune, le **j**ournal, **j**uillet, **j**uin, la lan**gu**e, le lin**g**e, lon**gu**e (long), une na**ge**oire, sa**g**e

28 m devant m, b, p — — une **am**poule, une ch**am**bre, c**om**plet, déc**em**bre, **em**mener, un n**om**bre, nov**em**bre, le print**em**ps, sept**em**bre, s**im**ple, le t**em**ps, un t**im**bre

29 Les mots invariables — alors, beaucoup, car, comme, comment, dans, dehors, demain, sans, sous, sur, très

30 Les mots invariables — assez, devant, encore, enfin, par, pas, plus, pour, souvent, toujours, vite, voilà

Textes de dictées ou autodictées

1 Le son [i]

Dans le coin lecture, mon ami regarde un livre. C'est l'histoire d'un petit garçon qui vit dans un pays imaginaire. Moi, je recopie une ligne d'écriture avec mon stylo bleu.

2 Les sons [o] et [ɔ]

En été, quand il fait beau, on laisse la porte de la classe ouverte. Pour aller dehors, on met un chapeau ou une casquette. La maîtresse nous demande d'apporter une bouteille d'eau.

3 Le son [e]

Ce matin, je dois aller au marché avec ma mère. Maman ferme la porte à clé, puis nous partons à pied. Si je suis sage, elle m'achètera une petite poupée.

4 Le son [ɛ]

Le frère de Pierre regarde par la fenêtre. Il fait beau, le ciel est bleu. Après le goûter, il ira jouer dehors avec ses amis, mais il devra rentrer avant sept heures.

5 Les accents

Samedi, ma mère et mon père m'ont emmené au cinéma. Nous avons vu un film très drôle. Après, j'ai acheté un gâteau avec une pièce de deux euros.

6 Les sons [ə], [ø] et [œ]

Mercredi, j'ai fait un gâteau aux cerises avec ma sœur. Il fallait quatre œufs. Le gâteau a cuit une heure. Pendant ce temps, nous avons fait nos devoirs ensemble.

7 Le son [s]

Le chat de Stéphane mange aussi bien les souris que les poissons. Il aime se cacher sous l'escalier pendant que Stéphane récite sa leçon et pose ses additions.

8 Le son [z]

Samedi, toute la famille se réunit à la maison à seize heures. Nous sommes allés faire les courses dans le magasin d'à côté, car il y aura douze ou treize invités.

9 Le son [f]

Cette carte postale est très ancienne. Elle représente une ferme. Toute la famille figure sur la photographie : le fermier, la fermière et leur fils. À la brocante, une femme décide de l'acheter.

10 Le son [k]

Chaque élève récite une table de multiplication. J'ai choisi la table de dix : quatre fois dix quarante, cinq fois dix cinquante… Quand je me trompe, mes camarades m'aident.

11 Le son [g]

Le dompteur agite sa baguette, et un gros tigre saute à travers le cerceau. Garçons et filles frappent dans leurs mains pour dire bravo aux artistes du cirque.

12 Le son [ʒ]

Cet enfant fait de la magie comme un vrai magicien. Il joue la comédie, découvre la cage cachée par un tissu rouge pour faire apparaître un pigeon. Ses amis ont aimé ce joli tour.

13 Le son [ɑ̃]

Pour leur apprendre à calculer, la maîtresse laisse les enfants jouer à la marchande tous ensemble. Combien vais-je te rendre si tu me donnes cent euros pour payer un objet qui en coûte trente ?

14 Le son [ɔ̃]

En forêt, on peut faire toutes sortes de jeux. On peut jouer au ballon, faire une ronde ou construire une cabane avec des feuilles et des bâtons. Les plus calmes préfèrent ramasser des champignons.

15 Le son [ɛ̃]

Quand je suis en vacances à la campagne, je donne à manger aux lapins chaque matin. Il y en a quinze en tout. L'un d'eux est malin : il vient manger dans ma main.

16 Le son [ɲ]

La maîtresse lit la consigne. Il faut souligner les mots où l'on voit « gn », comme baignoire, araignée, peigne ou chignon. « En bleu ou en rouge ? » se renseigne Chloé.

17 Le son [j]

Hier, la maîtresse m'a donné un nouveau cahier. Sur la première page, je fais un dessin avec mes crayons de couleur. Puis j'écris toutes les voyelles de l'alphabet, sans oublier le « y ».

18 Les sons [ij], [aj], [ɛj], [œj] et [uj]

Pendant les vacances, la petite fille ramasse des coquillages au bord de l'eau. Comme elle est en maillot de bain, elle a mis de la crème pour se protéger du soleil.

19 La lettre x

Il est six heures. Le chauffeur de taxi est heureux : il a transporté beaucoup de clients aujourd'hui. En ce moment, il emmène deux personnes au 60, rue des Lilas.

20 La lettre h

C'est l'hiver. En faisant un bonhomme de neige, mon frère a attrapé un rhume. Maman va lui chercher des médicaments à la pharmacie. Après, nous préparerons ensemble un chocolat chaud.

21 Ne pas confondre « ai » et « ia », « ain » et « ian »

Au restaurant, Monsieur Martin commande de la viande de bœuf. Sa femme ne mange jamais de bœuf. Elle choisit une aile de poulet. En attendant leurs plats, tous les deux grignotent un morceau de pain.

22 Ne pas confondre « ein » et « ien »

Une nouvelle famille va bientôt emménager dans l'immeuble. Le mari est musicien. Sa femme est peintre. Ils ont deux enfants. Ils ont aussi un chien. Le gardien leur souhaite la bienvenue.

23 Ne pas confondre « oin » et « ion »

Sur la cinquième chaîne de télévision, il y a une émission sur l'Afrique. On voit un vétérinaire donner des soins à un lion qui en a besoin. Ensuite le journaliste filme la savane de loin, depuis un avion.

24 Ne pas confondre « on », « oi » et « ou »

Le roi vient de se marier. Ce soir, il a invité tous les habitants du royaume à partager un bon dîner. Les invités ont faim et soif. La reine est assise à la droite du roi. À la fin du repas, tous les deux ouvriront le bal.

25 Ne pas confondre [s] et [z]

La maîtresse nous a demandé d'amener un gâteau en classe. Dans la cuisine, j'aide ma mère à le préparer. Elle pèse la farine et le sucre. Pendant ce temps, je casse des morceaux de chocolat. Dans une demi-heure, ce sera prêt.

26 Ne pas confondre [f] et [v]

Au bord de l'eau, plusieurs personnes font une promenade à cheval, cheveux au vent. Je me suis arrêté pour mieux les voir. Puis je les ai photographiées avec mon appareil photo tout neuf, acheté en ville ce matin.

27 Ne pas confondre [g] et [ʒ]

En juillet, je joue dans le jardin toute la journée. Ma mère étend le linge. Quand mon père aura fini son journal, il préparera une boisson fraîche, avec des glaçons qui fondent sur la langue.

28 m devant m, b, p

Nous sommes en novembre. Le temps est pluvieux. Mon frère est venu me chercher dans ma chambre pour m'emmener au cinéma. Mais une fois arrivés, le caissier nous a dit que c'était complet pour la prochaine séance.

29 Les mots invariables

En classe, les enfants aiment beaucoup jouer au jeu des contraires : « sur » est le contraire de « sous », « dedans » le contraire de « dehors », « avec » le contraire de « sans ». « C'est très bien ! » dit la maîtresse.

30 Les mots invariables

En gymnastique, les enfants font une course de relais. « Plus vite, encore plus vite ! » crient-ils pour encourager leurs camarades. Comme toujours, Matthieu est en tête. « Enfin, le voilà ! C'est le vainqueur ! Bravo, Matthieu ! »

Activités de renforcement

Une multiplicité de jeux oraux ou écrits, individuels ou collectifs, sont autant d'occasions de renforcer l'acquisition de l'orthographe. Ces activités, qui peuvent ne durer que quelques minutes, permettent à l'enseignant de varier les méthodes d'apprentissage. Elles pourront être envisagées comme activités de découverte de mots nouveaux, comme un réinvestissement ou encore comme séances de soutien.

Dictées de mots

Matériel : *ardoises (ou cahiers)*

Le maître dicte une série de mots à connaître et les fait écrire ou épeler par les élèves.

Les lettres mélangées

Matériel : *ardoises (ou cahiers)*

Le maître propose aux élèves des mots dont les lettres sont en désordre, et qu'ils doivent reconstituer.

Les syllabes mélangées

Matériel : *étiquettes, patafix*

Les syllabes de plusieurs mots sont collées en désordre au tableau. Les élèves viennent à tour de rôle reconstituer un mot.

Le mot en moins

Matériel : *ardoises (ou cahiers)*

Le maître donne oralement (ou par écrit, au tableau) quelques mots à connaître. Il relit (ou réécrit) ensuite cette liste en omettant l'un d'entre eux, que les élèves doivent retrouver.

Le mot en plus

Matériel : *ardoises (ou cahiers)*

C'est l'exercice inverse du précédent. On ajoute un mot à la série au lieu d'en retirer un.

Les devinettes

Matériel : *ardoises (ou cahiers)*

Le maître donne une définition orale ou écrite d'un mot à connaître. Chaque élève écrit sa réponse sur son ardoise.

De l'image au mot

Matériel : *ardoises (ou cahiers), étiquettes*

Il s'agit pour les élèves de retrouver puis d'écrire sur leur ardoise le mot symbolisé par une image que leur montre le maître.

Mots et images

Matériel : *ardoises (ou cahiers), étiquettes*

Le maître propose aux élèves une liste de mots (codés avec des lettres) et une liste d'images (codées avec des chiffres). Le but du jeu est de retrouver tous les couples mot/image.

Images à retenir

Matériel : *ardoises (ou cahiers), étiquettes*

Les élèves observent (sans écrire) une succession d'images montrées par le maître. Il s'agit pour eux de trouver les mots qui y sont associés, de les mémoriser, puis de les écrire dans le bon ordre, sans le support des images.

On peut faire de même avec des mots écrits ou lus.

FICHES
mémo

1 Le son [i] 

J'entends [i]

Je vois — **Je lis**

i ⋯ un am**i** (une am**i**e) / un l**i**vre / mard**i** / le tap**i**s / pet**i**t (pet**i**te) / r**i**re

î ⋯ l'**î**le

y ⋯ le pa**y**s / un p**y**jama / mon st**y**lo

⚠ On entend aussi le son [i]
dans : une jeep, un jean.

2 Les sons [o]  et [ɔ] 

J'entends [o]

Je vois — **Je lis**

o ⋯ un m**o**t

ô ⋯ le c**ô**té

au ⋯ la g**au**che

eau ⋯ un cad**eau** / le chap**eau** / de l'**eau** / b**eau** (belle)

J'entends [ɔ]

Je vois — **Je lis**

o ⋯ l'aut**o**mne / ma g**o**mme / de l'**o**r / la p**o**rte

⚠ On entend aussi le son [ɔ]
dans : un oignon.

3 Le son [e]

J'entends [e]

Je vois	Je lis
é	un b**é**b**é**
	du caf**é**
	la cl**é**
	l'**été**
	une f**é**e
	une poup**é**e
	un tr**é**sor
er	achet**er**
	all**er**
ed	ton pi**ed**
ez	un n**ez**

4 Le son [ɛ] 7

J'entends [ɛ]

Je vois	Je lis
è	mon fr**è**re
	apr**è**s
ê	la fen**ê**tre
	une f**ê**te
e	le ci**e**l
	la t**e**rre
	s**e**pt
	v**e**rt (v**e**rte)
et	un obj**et**
ei	une r**ei**ne
ai	m**ai**s

5 Les accents

L'accent aigu

Je vois — **Je lis**

é → l'**é**cole, f**é**vrier, le march**é**

L'accent grave

Je vois — **Je lis**

è → ma m**è**re, mon p**è**re, une pi**è**ce

L'accent circonflexe

Je vois — **Je lis**

â → un g**â**teau

ê → la t**ê**te, m**ê**me

î → le ma**î**tre (la ma**î**tresse)

ô → dr**ô**le

û → ao**û**t

6 Les sons [ə]  , [ø]  et [œ] 

J'entends [ə]

Je vois — **Je lis**

e → la c**e**rise, les d**e**voirs, mercr**e**di

J'entends [ø]

Je vois — **Je lis**

eu → le f**eu**, le mili**eu**, bl**eu** (bl**eu**e)

œu → un n**œu**d

J'entends [œ]

Je vois — **Je lis**

eu → une coul**eu**r, une h**eu**re

œu → le c**œu**r, un **œu**f, ma s**œu**r

⚠ Dans « des œufs », on entend [ø].

7 Le son [s] 

J'entends [s]

Je vois — **Je lis**

- **s** — l'e**s**calier, **s**amedi, une **s**ouris
- **ss** — le poi**ss**on, au**ss**i
- **c** — voi**c**i
- **ç** — une le**ç**on
- **t** — l'addi**t**ion, la multiplica**t**ion, la soustrac**t**ion
- **x** — di**x**

8 Le son [z] 

J'entends [z]

Je vois — **Je lis**

- **s** — un maga**s**in, la mai**s**on, un oi**s**eau, gri**s**e (gris)
- **z** — un **z**èbre, dou**z**e, sei**z**e, trei**z**e, **z**éro

9 Le son [f]

J'entends [f]

Je vois	**Je lis**
f	la **f**amille
	une **f**emme
	une **f**erme
	un **f**ermier (une **f**ermière)
	le **f**ils
	la **f**ourmi
	fort (**f**orte)
ff	une a**ff**iche
ph	le paragra**ph**e
	le **ph**otogra**ph**e
	la **ph**otogra**ph**ie

10 Le son [k]

J'entends [k]

Je vois	**Je lis**
c	o**c**tobre
	cha**c**un (cha**c**une)
q	le co**q**
	cin**q**
qu	un bou**qu**et
	le cir**qu**e
	cha**qu**e
	cin**qu**ante
	quarante
	quatre
	quand
k	un **k**iwi

⚠ On entend aussi le son [k] dans : une chorale.

11 Le son [g]

J'entends [g]

Je vois — **Je lis**

g
- l'escar**g**ot
- un **g**arçon
- un on**g**le
- le ti**g**re
- **g**ros (**g**rosse)
- re**g**arder

gu
- une ba**gu**e
- une ba**gu**ette
- une **gu**irlande
- ma **gu**itare

⚠ Le mot « toboggan » s'écrit avec deux « g ».

12 Le son [ʒ]

J'entends [ʒ]

Je vois — **Je lis**

j
- un **j**ardin
- **j**eudi
- le **j**our
- **j**oli (**j**olie)
- **j**ouer

g
- une ca**g**e
- une ima**g**e
- la ma**g**ie
- rou**g**e
- man**g**er
- na**g**er

ge
- un pi**ge**on

13 Le son [ɑ̃] 100

J'entends [ɑ̃]

Je vois — **Je lis**

an : dim**an**che, un enf**an**t, le march**an**d (la march**an**de), gr**an**d (gr**an**de), av**an**t, d**an**ser

am : la j**am**be

en : mes par**en**ts, v**en**dredi, c**en**t, tr**en**te

em : ens**em**ble

⚠ On entend aussi le son [ɑ̃] dans : un faon, Jean.

14 Le son [ɔ̃]

J'entends [ɔ̃]

Je vois — **Je lis**

on : le ball**on**, un bât**on**, un champign**on**, le m**on**de, ma m**on**tre, un r**on**d, une r**on**de, c**on**duire

om : c**om**bien, t**om**ber

⚠ Dans « monsieur », « on » se prononce [ə].

15 Le son [ɛ̃]

J'entends [ɛ̃]

Je vois — **Je lis**

in : un lap**in**, le mat**in**, un moul**in**, mal**in**, qu**in**ze, v**in**gt

im — **im**possible

ain — la m**ain**

aim — la f**aim**

ein — p**ein**dre

un — l**un**di

⚠ On entend aussi le son [ɛ̃]
dans : du thym, un lynx, du parfum.

16 Le son [ɲ]

J'entends [ɲ]

Je vois — **Je lis**

gn : l'arai**gn**ée, la bai**gn**oire, la campa**gn**e, un chi**gn**on, une consi**gn**e, la monta**gn**e, mon pei**gn**e, la vi**gn**e, sai**gn**er, souli**gn**er

17 Le son [j]

◗ **J'entends** [j]

◗ **Je vois**

◗ **Je lis**

i
- mon cah**i**er
- janv**i**er
- un p**i**éton
- prem**i**er
- h**i**er

y
- un cra**y**on
- une vo**y**elle
- les **y**eux
- pa**y**er
- vo**y**ager

18 Les sons [ij], [aj], [ɛj], [œj] et [uj]

◗ **J'entends** [ij]

◗ **Je vois** — ◗ **Je lis**

ill .... un coqu**ill**age, une f**ill**e

◗ **J'entends** [aj]

◗ **Je vois** — ◗ **Je lis**

ail / aill .... le trav**ail** / un m**aill**ot

◗ **J'entends** [ɛj]

◗ **Je vois** — ◗ **Je lis**

eil / eill .... le sol**eil** / une or**eill**e

◗ **J'entends** [œj]

◗ **Je vois** — ◗ **Je lis**

euil / euill .... un faut**euil** / une f**euill**e

◗ **J'entends** [uj]

◗ **Je vois** — ◗ **Je lis**

ouill .... une gren**ouill**e

19 La lettre x

J'entends [gz] 

Je vois — **Je lis**

x — un e**x**amen

J'entends [ks] 

Je vois — **Je lis**

x — une e**x**ception, un ta**x**i

J'entends [s] 6

Je vois — **Je lis**

x — si**x**, soi**x**ante

Je n'entends rien

Je vois — **Je lis**

x — deu**x**, dou**x** (douce), heureu**x** (heureuse), joyeu**x** (joyeuse)

20 La lettre h

J'entends [ʃ] 

Je vois — **Je lis**

ch — un **ch**ant, un **ch**at (une **ch**atte), **ch**aud (**ch**aude), **ch**er**ch**er

⚠ Dans « chorale », « ch » se lit [k] .

J'entends [f] 

Je vois — **Je lis**

ph — un **ph**are, une **ph**armacie

Je n'entends rien

Je vois — **Je lis**

h — une **h**erbe, l'**h**iver, l'**h**omme, **h**aut (**h**aute), **h**uit

21 Ne pas confondre « ai » et « ia », « ain » et « ian »

◗ J'entends [ɛ] 

◗ Je vois — **ai**

◗ Je lis
- un **ai**gle
- une **ai**le
- la ch**ai**se
- m**ai**
- jam**ai**s
- f**ai**re

◗ J'entends [ja] 

◗ Je vois — **ia**

◗ Je lis
- un av**ia**teur
- une l**ia**ne

◗ J'entends [ɛ̃] 

◗ Je vois — **ain**

◗ Je lis
- du p**ain**

◗ J'entends [jɑ̃] 

◗ Je vois — **ian**

◗ Je lis
- la v**ian**de

22 Ne pas confondre « ein » et « ien »

◗ J'entends [ɛ̃] 

◗ Je vois — **ein**

◗ Je lis
- une c**ein**ture
- un p**ein**tre
- enc**ein**te
- pl**ein**
- ét**ein**dre

◗ J'entends [jɛ̃] 

◗ Je vois — **ien**

◗ Je lis
- un ch**ien** (une chienne)
- un gard**ien** (une gardienne)
- un music**ien** (une musicienne)
- b**ien**tôt
- r**ien**

23 Ne pas confondre « oin » et « ion »

J'entends [wɛ̃] 

Je vois — **Je lis**

oin — le f**oin** / le s**oin** / l**oin** / avoir bes**oin**

J'entends [jɔ̃] 

Je vois — **Je lis**

ion — un av**ion** / un cam**ion** / un l**ion** (une lionne) / la pass**ion** / une quest**ion** / une télévis**ion**

24 Ne pas confondre « on », « oi » et « ou »

J'entends [ɔ̃] 

Je vois — **Je lis**

on — un hériss**on**

J'entends [wa] 

Je vois — **Je lis**

oi — la dr**oi**te / un mouch**oi**r / un r**oi** / le s**oi**r / fr**oi**d (fr**oi**de) / tr**oi**s / av**oi**r s**oi**f

J'entends [u] 

Je vois — **Je lis**

ou — une tr**ou**sse / t**ou**s (t**ou**tes) / t**ou**t (t**ou**te) / **ou**vrir

⚠ On entend aussi le son [u] dans : un clown, le football.

25 Ne pas confondre [s]  et [z] 

J'entends [s]

Je vois	Je lis
s	la **s**alade
	le **s**inge
	per**s**onne
	seul (**s**eule)
ss	la cla**ss**e
c	un mor**c**eau
	mer**c**i

J'entends [z]

Je vois	Je lis
s	la cui**s**ine
	pe**s**er
z	on**z**e
	quator**z**e

⚠ On entend aussi le son [z] dans : deuxième, sixième.

26 Ne pas confondre [f]  et [v] 

J'entends [f]

Je vois	Je lis
f	un **f**antôme
	une gira**f**e
	neu**f** (neuve)
ff	di**ff**icile
ph	une **ph**rase

J'entends [v]

Je vois	Je lis
v	a**v**ril
	un che**v**al
	le **v**ent
	la **v**ie
	la **v**ille
	voir

⚠ On entend aussi le son [v] dans : un wagon.

27 Ne pas confondre [g]  et [ʒ] 

J'entends [g]

Je vois	Je lis
g	un **g**laçon
gu	la lan**gu**e
	lon**gu**e (long)

J'entends [ʒ]

Je vois	Je lis
j	le **j**ournal
	juillet
	juin
	jaune
g	le lin**g**e
	sa**g**e
ge	une na**ge**oire

28 m devant m, b, p

J'entends [ɑ̃] 

Je vois	Je lis
am	une **am**poule
	une ch**am**bre
em	déc**em**bre
	nov**em**bre
	le print**em**ps
	sept**em**bre
	le t**em**ps
	emmener

J'entends [ɔ̃] 

Je vois	Je lis
om	un n**om**bre
	c**om**plet

J'entends [ɛ̃] 

Je vois	Je lis
im	un t**im**bre
	s**im**ple

29 Les mots invariables

alors
beaucoup
car
comme
comment
dans
dehors
demain
sans
sous
sur
très

30 Les mots invariables

assez
devant
encore
enfin
par
pas
plus
pour
souvent
toujours
vite
voilà

FICHES d'exercices

Prénom : .... Date : ....

Le son [i]

1 Colorie si tu entends le son [i].

2 Barre l'intrus de chaque série.

A. moustique — pyjama — pays — y

B. ami — crocodile — île — cirque

C. mardi — citron — partir — stylo

3 Entoure la lettre i quand tu entends le son [i].

f o u r m i	l a p i n	i n v i t é	r e i n e
t i r e l i r e	v o i s i n e	b a l a i	m a i r i e

4 Complète avec les mots suivants :
mardi — pays — petit — rire — pyjama — livre.

Le soir, je mets mon .... pour aller me coucher.

Au cirque, les clowns nous ont beaucoup fait ....

.... dernier, le maître nous a lu un nouveau ....

Mes parents voyagent beaucoup : ils ont visité de nombreux ....

Le mot « grand » est le contraire du mot « .... ».

Prénom : .... Date : ....

1 Suite

Le son [i]

5 **Complète les mots avec *i*, *î*, *y*.**

le st...lo — r...re — un l...vre — une ...le

un p...jama — pet...t — le tap...s — le pa...s

6 **Retrouve les trois mots déchirés, puis écris-les.**

pe — ta — py — tit — ja — ma — pis

....

7 **Ordonne les mots pour former des phrases.**

a roulé — du petit chien — sur — La balle — le tapis.

....

Mon ami — un livre — m'a prêté — d'Afrique. — sur les pays

....

8 **Retrouve, puis entoure les mots cachés dans la grille.**
(Ils sont écrits horizontalement ou verticalement.)

AMI — PAYS
ÎLE — PETIT
LIVRE — PYJAMA
MARDI — RIRE

R	A	A	M	A	R	D	I	V	Z	O	L
I	H	M	B	R	E	D	X	A	P	L	I
R	A	I	M	O	Î	L	E	E	A	U	V
E	C	R	P	E	T	I	T	U	Y	W	R
E	P	Y	J	A	M	A	R	H	S	O	E

2

Prénom : .... Date : ....

Les sons [o]  et [ɔ] 

1 **Entoure : en rouge si tu entends le son [o],**
en bleu si tu entends le son [ɔ].

2 **Dans quelles syllabes entends-tu le son [o] ?**
Coche les bonnes cases.

escargot ☐ ☐ ☐ plutôt ☐ ☐ autobus ☐ ☐ ☐

saucisson ☐ ☐ ☐ drapeau ☐ ☐ couteau ☐ ☐

3 **Écris les mots dans la colonne qui convient.**

or
robot
gâteau
bol
eau
jaune
gros

J'entends [o]			J'entends [ɔ]
Je vois **o**	Je vois **au**	Je vois **eau**	Je vois **o**
....	....	....	....
....	....	....	....

4 **Complète avec les mots suivants :**
mot — gauche — gomme — chapeau — or.

Pour me protéger du soleil, je mets un ....

Dans ma trousse, je range mes stylos, mes crayons et ma ....

Je suis assis à la droite de Marie. Marie est donc assise à ma ....

C'est un .... de deux lettres qui commence par la lettre « o » : ....

Les sons [o]  et [ɔ] 

5 Complète les mots avec o, ô, au, eau.

une g...mme — un cad...... — le c...té — le chap......

c'est b...... — la g.....che — la p...rte — l'aut...mne

6 Ordonne les lettres pour former des mots.

t–m–o → ....

ô–c–t–é → ....

a–b–e–u → ....

u–a–e → ....

t–e–r–p–o → ....

a–c–d–a–e–u → ....

7 Écris les mots suivants dans l'ordre alphabétique : poésie — chocolat — automne — manteau — or.

....

8 Complète la grille de mots croisés, à l'aide des définitions.

1. C'est la saison des champignons.
2. Sans elle, on ne peut ni entrer, ni sortir.
3. C'est un autre mot pour dire « joli ».
4. Elle permet d'effacer les erreurs.
5. On l'offre pour le plaisir, pour un anniversaire...

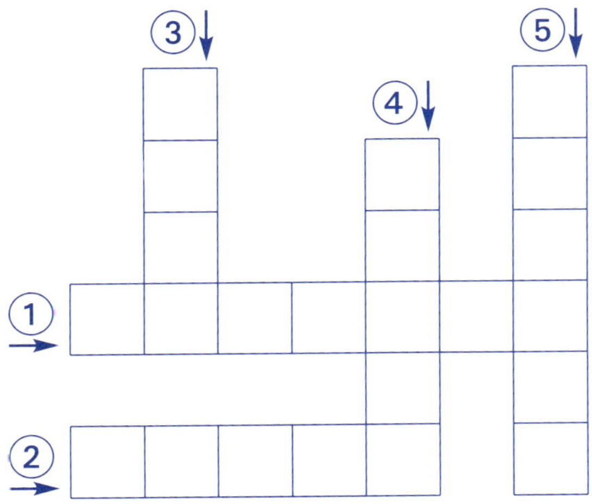

3 Prénom : .... Date : ....

Le son [e] 

1 Colorie si tu entends le son [e].

 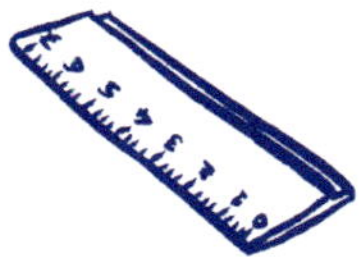   

2 Dans quelles syllabes entends-tu le son [e] ? Coche les bonnes cases.

assez ☐☐ arrivée ☐☐☐ écolier ☐☐☐

rentrée ☐☐ vérité ☐☐☐ éventail ☐☐☐

3 Barre l'intrus de chaque série.

A. acheter — manger — rocher — sucré

B. blé — nez — clé — dé

C. cinéma — été — récréation — bébé

4 Complète avec les mots suivants :
été — poupée — clé — trésor — aller — fée.

Les pirates ont trouvé un .... dans une grotte secrète.

Pour ouvrir la porte, j'ai besoin d'une ....

Pour Noël, j'ai commandé une .... et un costume de ....

L'...................... est la saison de l'année que je préfère.

J'aimerais .... au cinéma pour voir un dessin animé.

Prénom : .... Date : ....

Le son [e]

5 Complète les mots avec é, er, ed, ez.

un n....   le b...b...   achet....   une f...e

du caf....   all....   une poup...e   ton pi....

6 Ordonne les lettres pour former des mots.

l–c–é → ....   t–é–é → ....

i–p–e–d → ....   l–l–a–r–e → ....

f–é–a–c → ....   é–f–e → ....

7 Invente une phrase avec chaque couple de mots.

(nez ; pied) : ....

(clé ; trésor) : ....

8 Place les mots suivants dans la grille, sans oublier les accents.

ACHETER
ALLER
CAFÉ
CLÉ
ÉTÉ
POUPÉE
TRÉSOR

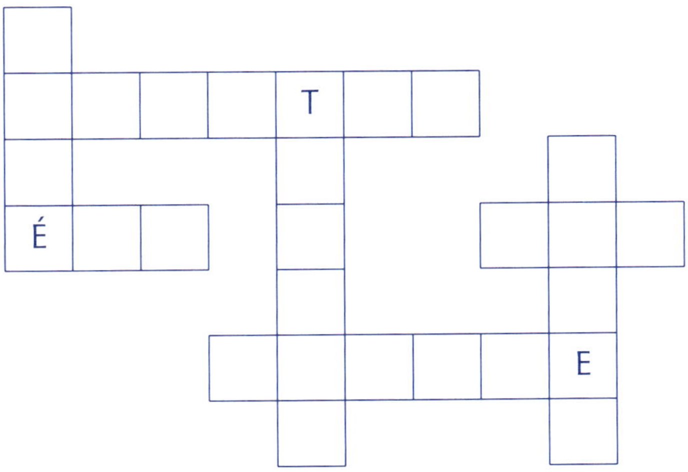

Prénom : .... Date : ....

Le son [ɛ] 7

1 Barre si tu n'entends pas le son [ɛ].

  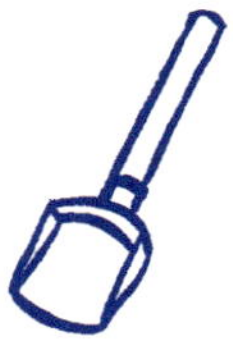  

2 Écris les mots dans la ou les colonnes qui conviennent.

manège
dictée
fête
poupée
échelle
assez
neige

J'entends [ɛ] 7	J'entends [e]
....	....
....	....
....	....
....	....

3 Recopie la ou les lettres qui forment le son [ɛ].

lumière → .... objet → .... tempête → ....

mais → .... règle → .... baleine → ....

4 Complète avec les mots suivants :
sept — ciel — terre — reine — frère.

Le roi est marié avec la ....

Mes parents ont deux enfants : mon .... et moi.

Il y a .... couleurs dans un arc-en- ....

Le crocodile peut se déplacer dans l'eau mais aussi sur ....

Le son [ɛ] 7

5 Recopie les mots en ajoutant des accents si nécessaire.

apres → ....
pere → ....
fete → ....
vert → ....

fenetre → ....
terre → ....
sept → ....
frere → ....

La lettre **e** se prononce [ɛ] lorsqu'elle est placée devant une consonne double : t**e**rre, b**e**lle, l**e**ttre…

6 Retrouve les trois mots déchirés, puis écris-les.

fe | te | rei | nê | fê | tre | ne

....

7 Écris les mots suivants dans l'ordre alphabétique : semaine — objet — vert — lumière — mais.

....

8 Change une seule lettre de chaque mot pour obtenir un nouveau mot. Aide-toi des définitions !

MIEL → Quand il est gris, il faut sortir son parapluie : ☐☐☐☐

FÊTE → C'est un autre mot pour dire « animal » : ☐☐☐☐

PEINE → C'est la femme du roi : ☐☐☐☐☐

VERTE → On s'en sert pour boire : ☐☐☐☐☐

5

Prénom : .... Date : ....

Les accents

1 **Entoure les lettres qui ont : un accent aigu (en bleu),**
un accent grave (en rouge),
un accent circonflexe (en vert).

v é r i t é   a o û t   é l è v e   m a n è g e   m ê m e

2 **Écris les mots dans la colonne qui convient.**

gâteau
fée
île
mère
école
aussitôt
après
été

Accents aigus	Accents graves	Accents circonflexes
....	....	....
....	....	....
....	....	....

3 **Barre l'intrus de chaque série.**

A. carré — flèche — père — pièce

B. tête — drôle — crêpe — tempête

C. naître — traîneau — maître — maison

4 **Complète avec les mots suivants :**
école — marché — août — pièce — maîtresse.

Je donne au marchand un billet de 5 euros et une .... de 2 euros.

Au mois d' ...., je pars en vacances au bord de la mer.

Légumes, poissons, fromages... On trouve de tout sur le ....

À l' ...., la .... nous a fait faire une dictée.

Prénom : .... Date : ....

Les accents

5 Recopie les mots en ajoutant les accents qui manquent.

mere → .... ecole → ....

gateau → .... meme → ....

fevrier → .... drole → ....

6 Ordonne les lettres pour former des mots.

e–ê–m–m → .... r–ô–e–l–d → ....

e–r–p–è → .... ê–t–t–e → ....

7 Ordonne les mots pour former des phrases.

Mon père — une pièce — au marché. — m'a donné — pour aller

....

et février — de l'année. — Août — mois — sont — deux

....

8 Change une seule lettre de chaque mot pour obtenir un nouveau mot. Aide-toi des dessins !

FÊTE →  : ☐☐☐☐

NIÈCE →  : ☐☐☐☐☐

NAÎTRE →  : ☐☐☐☐☐☐

6

Prénom : .... Date : ....

Les sons [ə], [ø] et [œ]

1 **Entoure : en rouge si tu entends le son [ø],**
en bleu si tu entends le son [œ].

2 **Dans quelles syllabes entends-tu les sons [ə] ou [ø] ?**
Coche les bonnes cases.

chemin ☐ ☐ — cheveu ☐ ☐ — courageux ☐ ☐ ☐

heureux ☐ ☐ — silencieux ☐ ☐ ☐ — recevoir ☐ ☐ ☐

3 **Barre l'intrus de chaque série.**

A. milieu — nombreux — melon — adieu

B. couleur — cœur — instituteur — vendeur

C. mercredi — samedi — jeudi — vendredi

4 **Complète avec les mots suivants :**
bleu — feu — milieu — mercredi — cœur.

Les enfants ont fait une ronde. Je me suis assis au ....

Je me suis cogné : j'ai un .... sur la jambe.

Je sais réciter cette poésie par ....

.... dernier, le .... a brûlé une partie de la forêt.

Prénom : .... Date : ....

6 Suite

Les sons [ə], [ø] et [œ]

5 Complète les mots avec e, eu, œu.

un .....f — l'h.....re — le mili..... — la c...rise

la coul.....r — mercr...di — un n.....d — les d...voirs

6 Retrouve les mots déchirés, puis écris-les.

leur — re — mer — heu — cou — di — cre

....

7 Transforme ces phrases affirmatives en phrases négatives.

Le bleu est sa couleur préférée.

....

Le soir, je fais mes devoirs avec ma sœur.

....

8 Complète la grille de mots croisés, à l'aide des définitions.

1. Le bleu est celle du ciel.
2. Les pompiers le combattent.
3. Il faut 60 minutes pour en faire une.
4. Elle a le même père et la même mère que moi.
5. Il peut être au plat, en omelette ou à la coque.

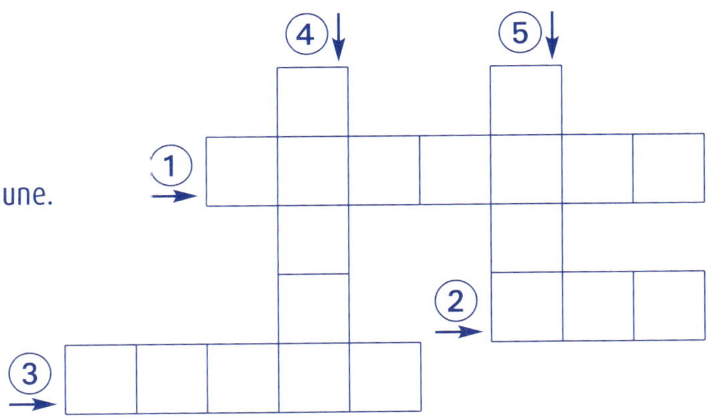

Prénom : .... Date : ....

Le son [s]

1 Barre si tu n'entends pas le son [s].

2 Dans quelles syllabes entends-tu le son [s] ? Coche les bonnes cases.

parasol ☐ ☐ ☐ concert ☐ ☐ natation ☐ ☐ ☐

sursauter ☐ ☐ ☐ pinceau ☐ ☐ escalier ☐ ☐ ☐

3 Recopie la ou les lettres qui forment le son [s].

casser → ....

attention → ....

ciel → ....

garçon → ....

souris → ....

sport → ....

> On écrit la lettre **c** avec une cédille (**ç**) pour faire [s] devant a, o et u : gar**ç**on, re**ç**u...

4 Complète avec les mots suivants :
aussi — voici — dix — escalier — souris — addition.

Pour trouver la somme de deux nombres, je fais une ....

« .... votre nouveau camarade », a dit la maîtresse.

Quand je suis en retard, je monte l' .... quatre à quatre.

Le nombre .... est le plus petit nombre à deux chiffres.

Quand le chat s'approche, la .... s'enfuit. Le canari ....

Prénom : .... Date : ....

Le son [s] 

5 **Complète les mots avec s, ss, c, ç, t.**

le poi....on la ....ouris voi...i l'e...calier

la le...on au....i ...amedi une addi...ion

6 **Ordonne les lettres pour former des mots.**

x–i–d → ....

i–c–o–v–i → ....

s–s–u–a–i → ....

e–l–o–n–ç → ....

7 **Invente une phrase avec chaque couple de mots.**

(escalier ; souris) : ....

(addition ; soustraction) : ....

....

8 **Retrouve, puis entoure les mots cachés dans la grille.**
(Ils sont écrits horizontalement ou verticalement.)

ADDITION
AUSSI
DIX
LEÇON
POISSON
SAMEDI
SOURIS
VOICI

S	V	S	A	M	E	D	I	O	L
O	O	M	E	C	H	D	I	X	E
U	I	V	A	U	S	S	I	U	Ç
R	C	P	O	I	S	S	O	N	O
I	I	B	R	E	J	A	L	U	N
S	U	H	C	Y	P	O	G	U	W
D	A	D	D	I	T	I	O	N	B

Prénom : .... Date : ....

Le son [z] 

1 Entoure : en rouge si tu entends le son [z],
en bleu si tu entends le son [s],
en vert si tu entends les sons [z] et [s].

2 Barre l'intrus de chaque série.

A. fraise — lézard — quinze — zéro

B. poser — sable — visage — magasin

C. mesurer — dinosaure — douzaine — noisette

3 Entoure la lettre s quand tu entends le son [z].

m a i s o n   s a p i n   o u r s

v a l i s e   m y s t è r e   p o s e r

h a s a r d   u s i n e   t r i s t e

La lettre **s** se prononce [z] lorsqu'elle est placée entre deux voyelles.

4 Complète avec les mots suivants :
treize — douze — magasin — grise — oiseau.

Un .... est tombé de l'arbre : je vais le soigner.

Le nombre .... vient juste après le nombre ....

La petite souris est toute ....

Le .... du boulanger est une « boulangerie ».

Prénom : .... Date : ....

Le son [z]

5 **Complète avec la syllabe qui convient.**

sin | son | se | zé | zè | ze

la mai .... gri .... un maga ....

sei .... le .... bre .... ro

6 **Écris les mots suivants dans l'ordre alphabétique :**
oiseau — zoo — magasin — voisin — saison.

....

7 **Ordonne les mots pour former des phrases.**

est — blanches et — Le zèbre — à rayures — noires. — un animal

....

et treize — deux nombres — se suivent. — qui — sont — Douze

....

8 **Place les mots suivants dans la grille.**

DOUZE
MAISON
OISEAU
SEIZE
TREIZE
ZÈBRE

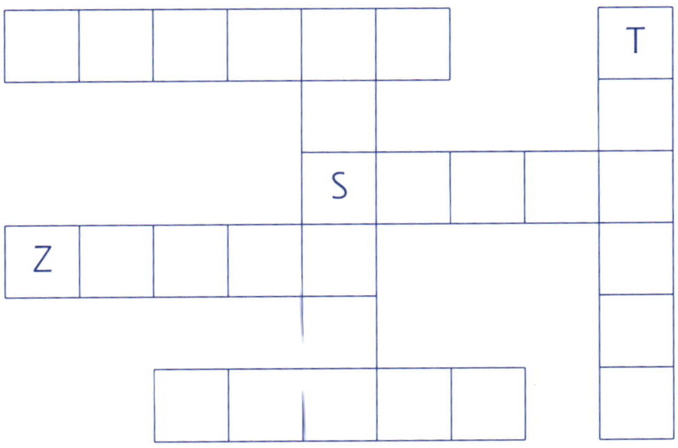

9

Prénom : .... Date : ....

Le son [f] 

1 Colorie si tu entends le son [f].

2 Dans quelles syllabes entends-tu le son [f] ? Coche les bonnes cases.

fabriquer ☐ ☐ ☐ pharmacie ☐ ☐ ☐

photographie ☐ ☐ ☐ ☐ parfois ☐ ☐

3 Recopie la ou les lettres qui forment le son [f].

famille → .... effort → .... français → ....

phrase → .... neuf → .... siffler → ....

4 Complète avec les mots suivants :

fils — fourmi — femme — photographe — paragraphe — ferme.

Le .... a photographié les mariés.

Les poules, les vaches et les cochons sont des animaux de la ....

La maîtresse dit : « Lisez le premier .... du texte. »

Monsieur Dupont et sa .... ont un .... et une fille.

La .... est un insecte qui vit en société, dans une fourmilière.

Le son [f]

5 Complète les mots avec f, ff, ph.

une ....ermière   une a....iche   une ....emme

le paragra....e   la ....ourmi   le ....otographe

6 Ordonne les lettres pour former des mots.

m–e–r–f–e → ....   r–t–o–f → ....

s–l–i–f → ....   m–m–f–e–e → ....

7 Transforme ces phrases affirmatives en phrases négatives.

Le fils du fermier travaille à la ferme avec son père.

....

Sur cette photographie, on voit toute ma famille.

....

8 Complète la grille de mots croisés, à l'aide des définitions.

1. On la colle sur les murs pour annoncer un spectacle ou une fête.
2. C'est la femme du fermier.
3. C'est un lieu où l'on élève des animaux et où l'on cultive la terre.
4. C'est le contraire de « faible ».
5. La petite fille en devient une à l'âge adulte.

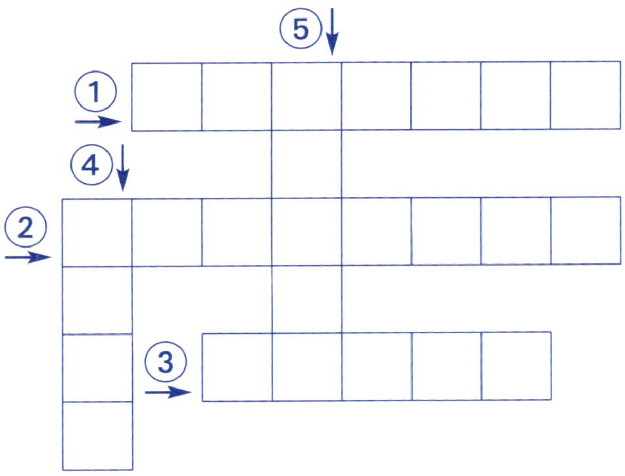

10 Prénom : .... Date : ....

Le son [k]

1 **Colorie si tu entends le son [k].**

2 **Écris les mots dans la colonne qui convient :**
octobre — fabriquer — cinq — kiwi — musique — calcul.

J'entends [k]			
Je vois **c**	Je vois **q**	Je vois **qu**	Je vois **k**

3 **Entoure la lettre c quand tu entends le son [k].**

c i s e a u x — c a r n a v a l — c h a c u n

c o r r i g e r — a v e c — c e r c l e

Devant a, o et u, la lettre **c** se prononce [k]. Devant e, i et y, elle se prononce [s].

4 **Complète avec les mots suivants :**
kiwi — bouquet — cirque — octobre — chaque.

Le .... arrive dans notre ville : nous irons voir le spectacle.

.... année, j'offre un .... à ma mère pour sa fête.

Le mois d' .... vient juste après le mois de septembre.

Le .... est un fruit comestible dont la peau est marron.

Le son [k] 

5 **Complète les mots avec c, q, qu, k.**

....atre cha...un cha....e un bou....et

cin.... un ....ivi ....and o...tobre

6 **Écris ces noms au pluriel.**

le cirque → les .... un bouquet → des ....

un képi → des .... le coq → les ....

7 **Invente une phrase avec chaque couple de mots.**

(quatre ; quarante) : ....

....

(quand ; coq) : ....

....

8 **Change une seule lettre de chaque mot pour obtenir un nouveau mot. Aide-toi des dessins !**

COQ →  : ☐☐☐

BANQUE →  : ☐☐☐☐☐☐

MASQUE →  : ☐☐☐☐☐☐

11 Prénom : .... Date : ....

Le son [g] 

1 **Barre si tu n'entends pas le son [g].**

   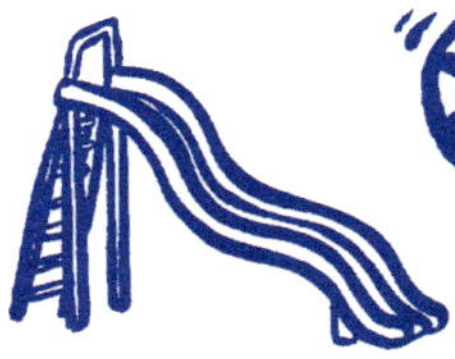 

2 **Recopie les mots où le son [g] s'écrit gu.**

déguiser — figure — figue — longue
virgule — guide — naviguer — déguster

....

3 **Barre l'intrus de chaque série.**

A. vague — guidon — gorille — guêpe

B. garçon — fatigue — cigale — gourmand

C. langue — baguette — guenon — nuage

Devant e, i et y,
on écrit **gu**
pour faire [g].

4 **Complète avec les mots suivants :**
escargot — gros — guitare — guirlandes — tigre.

À Noël, je décore le sapin avec des ....

Mon frère aîné joue très bien de la ....

Comme le lion et la panthère, le .... est un fauve.

Le mot « maigre » est le contraire du mot « .... ».

L'...................... est un mollusque dont la coquille est arrondie.

Prénom : .... Date : ....

Le son [g]

5 **Complète les mots avec g ou gu.**

le ti...re   une ba....e   ma ....itare   une ....irlande

un on...le   l'escar...ot   re...arder   une ba....ette

6 **Ordonne les lettres pour former des mots.**

s–r–o–g → ....   g–r–i–t–e → ....

l–e–g–n–o → ....   a–u–g–e–b → ....

7 **Transforme ces phrases négatives en phrases affirmatives.**

Ce garçon n'est pas poli.

....

Les fées ne possèdent jamais de baguette magique.

....

8 **Retrouve, puis entoure les mots cachés dans la grille. (Ils sont écrits horizontalement ou verticalement.)**

BAGUE
ESCARGOT
GARÇON
GUITARE
GROS
ONGLE
REGARDER
TIGRE

V	E	S	C	A	R	G	O	T	A	B	O
T	G	L	O	G	U	I	T	A	R	E	N
I	H	O	S	T	R	Y	O	J	G	U	G
G	G	A	R	Ç	O	N	B	L	R	A	L
R	D	A	F	B	A	G	U	E	O	Q	E
E	R	E	G	A	R	D	E	R	S	M	I

12 Prénom : .... Date : ....

Le son [ʒ]

1 **Colorie si tu entends le son [ʒ].**

2 **Écris les mots dans la colonne qui convient :**

jumelles — bougie — pigeon — géant — objet — nageoire.

J'entends [ʒ]		
Je vois **j**	Je vois **g**	Je vois **ge**
....	....	....
....	....	....

Devant o et a, on écrit **ge** pour faire [ʒ].

3 **Entoure la lettre g quand tu entends le son [ʒ].**

genou grimace bagage magique

gorge argent gigot virgule

4 **Complète avec les mots suivants :**
jeudi — pigeon — jour — nager — rouge.

Le .... vient après la nuit.

Le bleu, le blanc et le .... sont les couleurs du drapeau français.

Le ...., nous allons .... à la piscine.

Le .... est un oiseau que l'on rencontre souvent dans les villes.

Prénom : .... Date : ....

Le son [ʒ]

5 **Complète les mots avec** *j, g, ge.*

ton ...ardin *une ca. .e* *un pi....on* *...ouer*

la ma...ie *man...er* *..dic* *une ima...e*

6 **Écris les mots suivants dans l'ordre alphabétique :**
magie — jour — région — jeter — message.

....

7 **Ordonne les mots pour former des phrases.**

le quatrième — Le jeudi — la semaine. — est — de — jour

....

et « image » — lettres. — « Magie » — les mêmes — avec — s'écrivent

....

....

8 **Change une seule lettre de chaque mot pour obtenir un nouveau mot. Aide-toi des définitions !**

JOUE → Il commence quand le soleil se lève : | | | | |

CAGE → La brasse en est une : | | | | |

JOLIE → C'est un prénom de fille : | | | | | |

MANGER → C'est ce qu'il faut faire quand tout est en désordre : | | | | | | |

13

Prénom : .... Date : ....

Le son [ɑ̃] 100

1 Pour chaque dessin, entoure le mot qui correspond.

lampe
lente
langue

géant
gant
gens

banc
blanc
bac

dans
dont
dent

nage
ange
angle

2 Pour chaque mot, recopie les lettres qui forment le son [ɑ̃].

marchand → .... amusant → .... seulement → ....

inventer → .... ampoule → .... printemps → ....

3 Barre l'intrus de chaque série.

A. danser — centre — manteau — grand

B. tempête — cent — souvent — gentil

C. pendant — changement — enfant — tranche

4 Complète avec les mots suivants : **trente — parents — cent — marchand — vendredi.**

Un .... de fleurs s'appelle un fleuriste.

Le mois de novembre compte .... jours.

...................., mes .... ont rencontré la maîtresse.

.... est le plus petit nombre à trois chiffres.

Le son [ɑ̃] 100

5 Complète avec la syllabe qui convient.

vant **man** **dan** **jam** **ven** **sem**

une .... be — di .... che — .... dredi

en .... ble — .... ser — a ....

6 Ordonne les lettres pour former des mots.

d–n–a–e–g–r → .... — n–e–t–c → ....

b–e–m–j–a → .... — a–t–v–n–a → ....

7 Entoure (ent) quand tu entends le son [ɑ̃].

un accident — ils mangent — le vent — elles achètent

elles jouent — prudent — ils nagent — un médicament

8 Place les mots suivants dans la grille.

CENT
DANSER
ENFANT
ENSEMBLE
GRAND
JAMBE
PARENTS

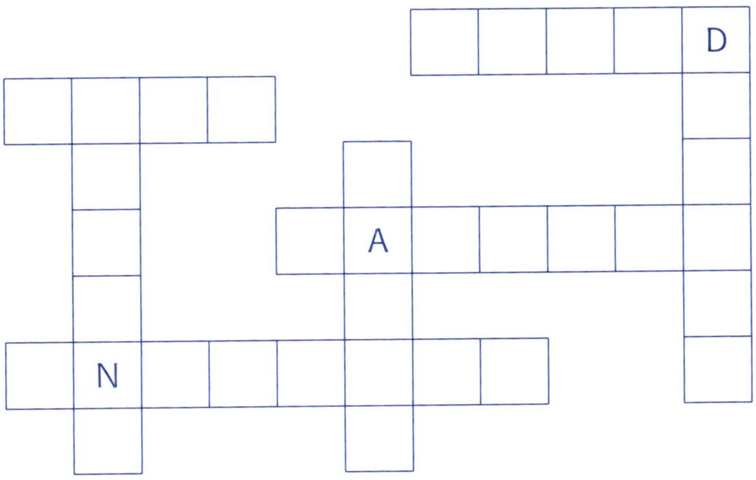

14 Prénom : .... Date : ....

Le son [ɔ̃] 

1 Pour chaque dessin, entoure le mot qui correspond.

angle	trompe	point	mouton	flacon
ongle	tremper	pont	monter	flocon
oncle	troupe	pou	menton	façon

2 Écris les mots dans la colonne qui convient.

automne
rond
personne
nombreux
poumon
monument

J'entends [ɔ̃] 	Je n'entends pas [ɔ̃]
....	....
....	....
....	....

3 Pour chaque mot, recopie les lettres qui forment le son [ɔ̃].

montre → .... glouton → .... champignon → ....

sombre → .... grognon → .... trombone → ....

4 Complète avec les mots suivants :
bâton — ballon — conduire — monde — combien.

On peut apprendre à .... à partir de 16 ans.

.... d'élèves y a-t-il dans ta classe ?

Guignol a toujours peur de recevoir des coups de ....

Dans la cour, tout le .... joue au ....

Prénom : .... Date : ....

Le son [ɔ̃] 

5 Retrouve les trois mots déchirés, puis écris-les.

de | tom | dui | ron | re | con | ber

....

6 Entoure les verbes.

des ballons | nous mangeons | un pont | des salons

ils ont | des champignons | nous allons | elles font

7 Invente une phrase avec chaque couple de mots.

(ballon ; monde) : ....

(champignon ; combien) : ....

....

8 Complète la grille de mots croisés, à l'aide des définitions.

1. C'est le contraire de « descendre ».
2. C'est interdit si l'on n'a pas son permis.
3. Sans lui, on ne peut pas jouer au football.
4. Elle donne l'heure.
5. C'est un autre mot pour dire « cercle ».

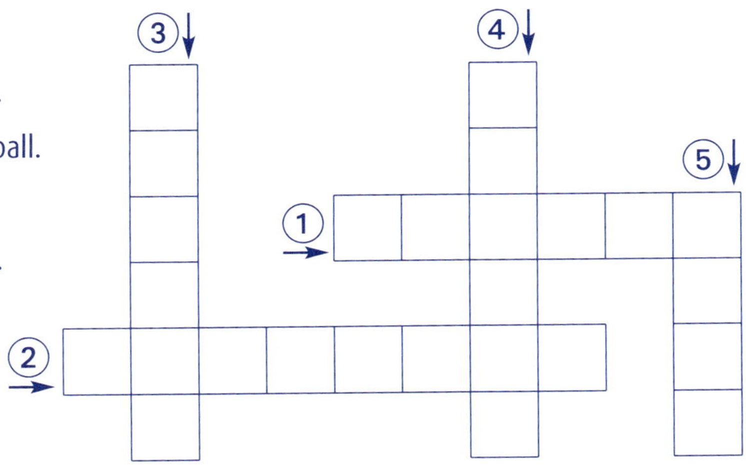

15

Prénom : .... Date : ....

Le son [ɛ̃]

1 Pour chaque dessin, entoure le mot qui correspond.

cousin	traîne	peinture	pliant	patient
couffin	train	pointure	bain	patin
coussin	triangle	ceinture	pain	pantin

2 Dans quelles syllabes entends-tu le son [ɛ̃] ? Coche les bonnes cases.

moulin ☐☐ écrivain ☐☐☐ lointain ☐☐

grimper ☐☐ inconnu ☐☐☐ féminin ☐☐☐

3 Barre l'intrus de chaque série.

A. lundi — brun — lutin — jungle

B. linge — frein — mince — quinze

C. invisible — printemps — interdit — impossible

4 Complète avec les mots suivants :
lapin — vingt — quinze — faim — main.

Nous prendrons notre goûter quand nous aurons ....

Le lapereau est le petit du .... et de la lapine.

Pour former une ronde, tous les enfants se sont donné la ....

J'avais .... billes. J'en ai perdu cinq. Il m'en reste donc ....

Prénom : .... Date : ....

Le son [ɛ̃]

5 Complète les mots avec *in, im, ain, ein.*

un moul..... v.....gt .....possible p......dre

la m...... mal..... un lap..... qu.....ze

6 Retrouve les quatre mots déchirés, puis écris-les.

lin | la | di | mou | lun | tin | ma | pin

....

7 Écris ces noms au pluriel.

le prince → ....

ma main → ....

un infirmier → ....

une invitation → ....

Attention aux liaisons qui changent la prononciation du mot : un‿inconnu, des‿inconnus.

8 Change une seule lettre de chaque mot pour obtenir un nouveau mot. Aide-toi des définitions !

LAPIN → C'est l'arbre de Noël : ☐☐☐☐☐

MAIN → Le boulanger le fait tous les matins : ☐☐☐☐

MATIN → Il est à roulettes ou à glace : ☐☐☐☐☐

DAIM → Quand on a besoin de manger, on a ... : ☐☐☐☐

16 Prénom : .... Date : ....

Le son [ɲ]

1 **Colorie si tu entends le son [ɲ].**

2 **Recopie les mots quand tu entends le son [ɲ].**

chignon — dommage — gagner — Allemagne — épingle
signal — magnifique — augmenter — sanglier — cygne

....

....

3 **Dans quelles syllabes entends-tu le son [ɲ] ?**
Coche les bonnes cases.

agneau ☐ ☐ grignoter ☐ ☐ ☐ Guignol ☐ ☐

soigner ☐ ☐ araignée ☐ ☐ ☐ ignorer ☐ ☐ ☐

4 **Complète avec les mots suivants :**
montagne — vigne — souligner — consigne — araignée.

L'..................... tisse une toile pour attraper ses proies.

Je lis avec attention la .... de l'exercice.

Le Mont-Blanc est la plus haute .... de France.

On cultive la .... pour produire du vin.

La maîtresse nous a demandé de .... les verbes en rouge.

Le son [ɲ]

5 Complète avec la syllabe qui convient.

gnée — gner — gne — gne — gnon — gnoi

l'arai [........] un chi [........] une bai [........] re

sai [........] la campa [........] un pei [........]

6 Écris les mots suivants dans l'ordre alphabétique :
consigne — souligner — signal — campagne — ligne.

....

7 Écris ces verbes à l'infinitif.

il saigne → .... tu grignotes → ....

elle gagne → .... je souligne → ....

ils signent → .... elle soigne → ....

8 Trouve le mot qui correspond à chaque dessin, puis écris-le dans la bonne grille.

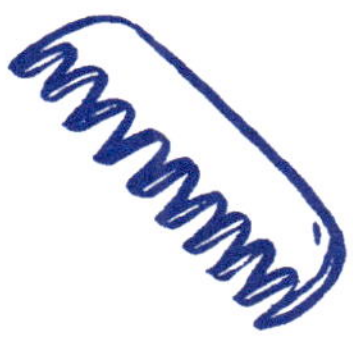

			G	N	

			G	N		

				G	N		

					G	N	

Prénom : .... Date : ....

Le son [j]

1 **Barre si tu n'entends pas le son [j].**

 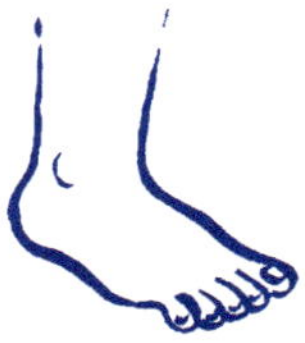   

2 **Entoure la lettre y quand tu entends le son [j].**

stylo royaume poney ennuyer

rayon yeux citoyen pays

3 **Écris les mots dans la colonne qui convient.**

tuyau
bientôt
ligne
voyelle
permission
biscuit

J'entends [j]		Je n'entends pas [j]
Je vois **i**	Je vois **y**	
....	....	....
....	....	....

4 **Complète avec les mots suivants :**
premier — hier — yeux — cahier — janvier.

J'écris mon nom sur la première page de mon ....

.... est la veille d'aujourd'hui.

.... est le .... mois de l'année.

Cet enfant a les .... plus grands que le ventre !

Prénom : .... Date : ....

Le son [j]

5 **Complète les mots avec *i*, *y*.**

vo...ager — un p...éton — pa...er — un cra...on

janv...er — le cah...er — h...er — la vo...elle

6 **Forme trois mots avec ces syllabes.**

ya — **cra** — **vo** — **yer** — **pa** — **ger** — **yon**

....

7 **Ordonne les mots pour former des phrases.**

est — qui — à pied. — déplace — se — une personne — Un piéton

....

est — français. — voyelle — La lettre y — la sixième — de l'alphabet

....

8 **Retrouve, puis entoure les mots cachés dans la grille.**
(Ils sont écrits horizontalement ou verticalement.)

CAHIER
CRAYON
HIER
PAYER
PREMIER
VOYAGER
VOYELLE
YEUX

C	I	V	O	Y	E	L	L	E	H	O	P
R	A	M	Y	P	S	U	V	P	I	Z	A
A	Y	H	C	A	H	I	E	R	E	B	Y
Y	E	L	Y	Q	U	F	O	A	R	P	E
O	U	M	P	R	E	M	I	E	R	U	R
N	X	Y	A	N	V	O	Y	A	G	E	R

18 Prénom : .... Date : ....

Les sons [ij], [aj], [ɛj], [œj] et [uj]

1 Entoure en rouge si tu entends le son [ij], en bleu si tu entends le son [ɛj], en vert si tu entends le son [œj].

2 Pour chaque mot, recopie les lettres qui forment les sons [aj], [ɛj] ou [œj].

un écureuil	→	....	la taille	→	....
le rail	→	....	un orteil	→	....
une groseille	→	....	une feuille	→	....

> On écrit **ail**, **eil**, **euil** à la fin des mots masculins et **aille**, **eille**, **euille**, **ouille** à la fin des mots féminins.

3 Barre l'intrus de chaque série.

A. maillot — caillou — travail — tailler

B. corbeille — feuilleton — oreillon — réveillon

C. cheville — tourbillon — vanille — veiller

4 Complète avec les mots suivants :
soleil — fille — grenouille — coquillage — feuille.

Sur la plage, j'ai ramassé un beau ....

En hiver, le .... se couche plus tôt qu'en été.

Ma cousine est la .... de ma tante et de mon oncle.

La .... a sauté sur une .... de nénuphar.

Les sons [ij] , [aj] , [ɛj] , [œj]  et [uj] 

5 Complète les mots avec ill, ail(l), eil(l), euil(l), ouill.

une or.......e — une gren........e — un faut.......

un coqu......age — une bout.......e — le sol.......

un pap......on — une citr........e — le trav.......

6 Écris les mots suivants dans l'ordre alphabétique : mouiller — pareil — muraille — oreille — merveille.

....

7 Écris le verbe qui correspond.

le travail → ....

un bâillement → ....

un habit → ....

la rouille → ....

8 Complète la grille de mots croisés, à l'aide des définitions.

1. On le porte pour se baigner.
2. C'est un siège à dossier et à bras, plus confortable qu'une chaise.
3. C'est un morceau de papier sur lequel on écrit.
4. Quand il se couche, il fait nuit.
5. C'est le nom féminin qui correspond à « garçon ».

Prénom : .... Date : ....

La lettre x

1 Entoure la lettre x quand tu l'entends.

exemple — gracieux — exact — anxieux

prix — exprès — soixante — noix

2 Écris les mots dans la colonne qui convient.

texte
exercice
exiger
explication
exception
existence

J'entends [gz] 	J'entends [ks] 
....	....
....	....
....	....

3 Barre l'intrus de chaque série.

A. vieux — fixe — toux — choix

B. extérieur — excellent — expression — examen

C. six — soixante — deux — dix

4 Complète avec les mots suivants :
soixante — examen — exception — heureux — six.

En orthographe, il y a souvent une .... à la règle.

Mon grand frère passe un .... important : le baccalauréat.

J'ai dix paquets de .... billes. J'ai donc .... billes.

Le prince et la princesse furent .... et eurent beaucoup d'enfants.

Prénom : .... Date : ....

La lettre x

5 Ordonne les lettres pour former des mots.

x–i–s → .... x–o–u–d → ....

u–e–d–x → .... x–a–i–t → ....

6 Écris le masculin de chaque adjectif.

joyeuse → .... fausse → ....

jalouse → .... douce → ....

creuse → .... vieille → ....

7 Entoure les mots qui prennent un x parce qu'ils sont au pluriel.

des rideaux	une noix	les chevaux
un prix	des jeux	les couteaux
du houx	les animaux	la paix

Les noms terminés par **au**, **eau** et **eu** prennent en général un **x** au pluriel.

8 Change une seule lettre de chaque mot pour obtenir un nouveau mot. Aide-toi des dessins !

DOUX →  : ☐☐☐☐

DEUX →  : ☐☐☐☐

CHOIX →  : ☐☐☐☐☐

20 Prénom : .... Date : ....

La lettre h

1 Pour chaque dessin, entoure le mot qui correspond.

 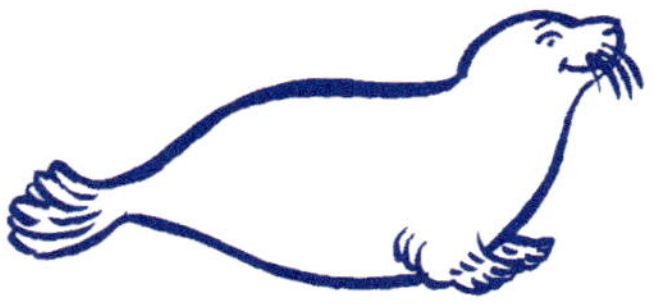   

boucle	phoque	hâte	hochet	chatière
bouche	poche	bâche	hoquet	haltère
boucher	choc	hache	choquer	panthère

2 Entoure la lettre h quand elle est muette.

théâtre	histoire	dehors	physique
chercher	bonhomme	phare	horloge

3 Écris *la*, *le* ou *l'* devant chaque mot.

..... hachoir	..... homme	..... hasard
..... hiver	..... haie	..... habit
..... herbe	..... haricot	..... heure

Au pluriel, attention aux liaisons : des‿hommes, des haies (pas de liaison).

4 Complète avec les mots suivants :
chant — haute — herbe — chat — hiver — pharmacie.

Je donne ma langue au ....

Je vais acheter des médicaments à la ....

La chorale de l'école répète un nouveau ....

Cet ...., la neige est tombée pendant plusieurs jours.

Il faut tondre l' .... du jardin quand elle est trop ....

Prénom : .... Date : ....

20 Suite

La lettre h

5 Complète avec la syllabe qui convient.

her cher hau chau pha phar

cher .... de   une .... be

la .... macie   .... te   un .... re

6 Complète avec la lettre h si nécessaire.

un ...omme   un ...oiseau   ...uit   une ...image

un ...animal   ...abiller   ...aimer   une ...istoire

7 Invente une phrase avec chaque couple de mots.

(chat ; huit) : ....

(hiver ; chaud) : ....

8 Place les mots suivants dans la grille.

CHAUDE
CHANT
CHERCHER
HERBE
HIVER
PHARMACIE

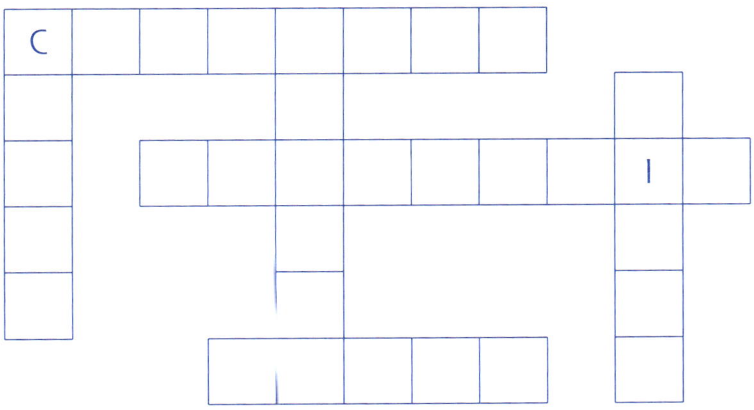

21

Prénom : .... Date : ....

Ne pas confondre « ai » et « ia », « ain » et « ian »

1 Pour chaque dessin, entoure le mot qui correspond.

liane	les	liasse	diamant	cria
laine	liant	laisse	aimant	craie
plaine	lait	laisser	damier	raie

2 Écris les mots dans la colonne qui convient :
pliage — fiancé — raisin — entrain — aviateur — grain.

Je vois **ai**	Je vois **ain**	Je vois **ia**	Je vois **ian**
....	....	....	....
....	....	....	....

3 Entoure (ain) quand tu entends le son [ɛ̃] .

s o u d a i n   s e m a i n e   a i n s i   m a i n t e n a n t

g r a i n e   l e n d e m a i n   l a i n e   m a r r a i n e

4 Complète avec les mots suivants :
aigle — liane — aviateur — mai — aile.

Tarzan voyage de .... en ....

Le premier ...., on vend du muguet.

L'.................... a abîmé l'.................... droite de son avion.

L'.................... est un oiseau de grande taille, au bec crochu.

Prénom : .... Date : ....

Ne pas confondre « ai » et « ia », « ain » et « ian »

5 **Complète les mots avec** *ai, ia.*

un p....no jam....s le mar....ge la ch....se

une ....le f....re un av....teur un ....gle

6 **Complète les mots avec** *ain, ian.*

le p...... la v......de un cop...... un écriv......

un tr...... dem...... le f......cé un mend......t

7 **Transforme ces phrases négatives en phrases affirmatives.**

Je ne mange jamais de pain le matin.

....

Personne ne reste sagement assis sur sa chaise.

....

8 **Trouve le mot qui correspond à chaque dessin, puis écris-le dans la bonne grille.**

A	I			

	I	A		

		A	I		

		I	A				

Prénom : .... Date : ....

Ne pas confondre « ein » et « ien »

1 **Barre si tu n'entends pas le son [jɛ̃].**

2 **Écris les mots dans la colonne qui convient.**

atteindre
bientôt
peintre
indien
musicien
ceinture

Je vois **ein**	Je vois **ien**
....	....
....	....
....	....

3 **Entoure (ein) quand tu entends le son [ɛ̃].**

enceinte	reine	éteindre	Seine
baleine	frein	empreinte	peiner

4 **Complète avec les mots suivants :**
bientôt — enceinte — éteindre — plein — gardien — rien.

J'ai rempli mon verre : il est .... à ras bord.

« Tout » est le contraire de « .... ».

Mon père m'a demandé d'..................... la télévision.

Cette équipe de football a un excellent .... de but.

Maman est .... J'aurai .... un petit frère.

Prénom : .... Date : ....

Ne pas confondre « ein » et « ien »

5 **Complète les mots avec** *ein, ien.*

un ch...... *comb......* *r......* *une c......ture*

p......dre *b......tôt* *pl......* *un chirurg......*

6 **Forme trois mots avec ces syllabes.**

tu	tein	é	mu	dre	cein	si	re	cien

....

7 **Écris le masculin de chaque nom.**

la musicienne → .... la gardienne → ....

une comédienne → .... une magicienne → ....

8 **Retrouve, puis entoure les mots cachés dans la grille.**
(Ils sont écrits horizontalement ou verticalement.)

BIENTÔT
CEINTURE
CHIEN
GARDIEN
MUSICIEN
PEINTRE
PLEIN
RIEN

M	U	S	I	C	I	E	N	O	I	B
A	U	P	E	I	N	T	R	E	R	I
P	E	N	I	V	B	R	Y	C	I	E
L	A	C	H	I	E	N	F	O	E	N
E	Z	D	R	U	E	Q	U	O	N	T
I	E	C	E	I	N	T	U	R	E	Ô
N	G	A	R	D	I	E	N	T	E	T

23

Prénom : .... Date : ....

Ne pas confondre « oin » et « ion »

1 Pour chaque dessin, entoure le mot qui correspond.

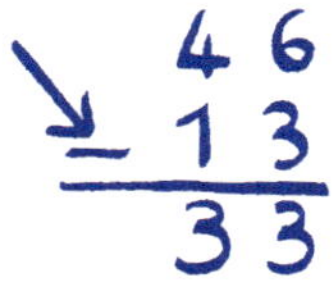

pion	long	fond	avoine	moins
poing	loin	foin	avoir	mois
pointe	lion	loin	avion	moine

2 Écris les mots dans la colonne qui convient :

loin — buisson — passion — grillon — potion — joindre.

Je vois **oin**	Je vois **ion**	Je ne vois ni **oin**, ni **ion**
....	....	....
....	....	....

3 Entoure (ion) quand tu entends le son [jɔ̃]  .

lionne	question	invention	camionneur
région	national	championnat	télévision

4 Complète avec les mots suivants :

question — camion — soin — lion — besoin.

Le lionceau est le petit du .... et de la lionne.

Il y a plusieurs réponses à cette ....

Pour déménager, ils ont .... d'un ....

Il s'est appliqué : son dessin est fait avec ....

Ne pas confondre « oin » et « ion »

5 Complète les mots avec *oin, ion*.

la pass...... *le s......* *attent......* *les......*

un cam ...... *du f......* *p......tu* *l'av......*

6 Ordonne les lettres pour former des mots.

n–o–f–i → ....

n–i–o–s → ....

a–n–i–v–o → ....

a–c–m–o–i–n → ....

7 Ordonne les mots pour former des phrases.

du — La femelle — ne porte — lion — de crinière. — pas

....

d'aide — répondre — J'ai — cette question. — besoin — pour — à

....

8 Complète la grille de mots croisés, à l'aide des définitions.

(1) On y voit des films, des dessins animés, les informations…

(2) C'est un gros véhicule qui sert à transporter des marchandises.

(3) Il vole, il a deux ailes mais ce n'est pas un oiseau.

(4) C'est un fauve à crinière.

(5) C'est le contraire de « près ».

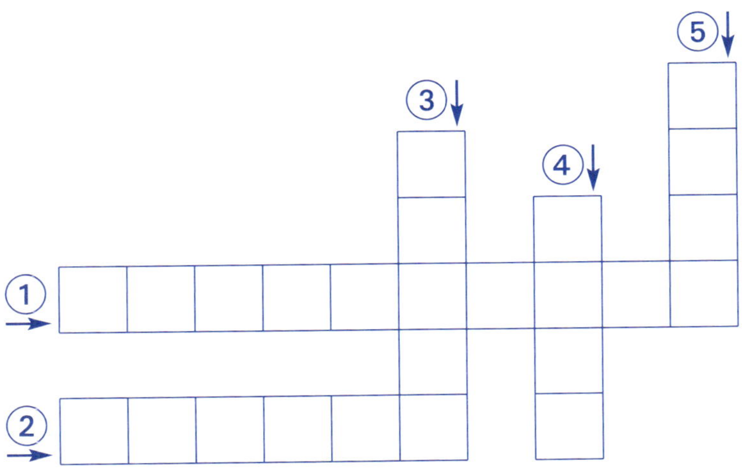

Prénom : .... Date : ....

Ne pas confondre « on », « oi » et « ou »

1 Pour chaque dessin, entoure le mot qui correspond.

doigt	choix	trois	roi	poisson
doux	chiot	trou	rond	poussin
don	chou	tronc	roue	pinson

2 Entoure (on) en rouge, (oi) en bleu, (ou) en vert.

droite   couffin   mouchoir   dindon

chiffon   tout   voilier   bouchon

3 Barre l'intrus de chaque série.

A. ouvrir — cuisson — trousse — bouger

B. biberon — éloigner — froide — coiffer

C. bouchon — glouton — donjon — poumon

4 Complète avec les mots suivants :
tous — trois — hérisson — soif — roi.

Après avoir couru, j'ai souvent ....

Le .... et la reine avaient .... jeunes enfants.

La maîtresse nous a demandé de chanter .... ensemble.

Le .... est un animal dont le corps est couvert de piquants.

Prénom : .... Date : ....

24 Suite

Ne pas confondre « on », « oi » et « ou »

5 Complète les mots avec *on, oi, ou.*

le s....r *une ét....le* *un hériss....* *un bij....*

....vrir *l....jour* *une tr....sse* *la dr....te*

6 Ordonne les lettres pour former des mots.

i–r–o–s → ....

v–r–u–o–r–i → ....

d–r–i–f–o → ....

t–t–e–u–o → ....

7 Écris ces noms au pluriel.

une croix → ....

mon oncle → ....

l'ours → ....

le tiroir → ....

Les noms qui se terminent par **s**, **x** ou **z** ne changent pas au pluriel.

8 Change une seule lettre de chaque mot pour obtenir un nouveau mot. Aide-toi des définitions !

COUP → C'est l'ennemi du Petit Chaperon rouge : ☐☐☐☐

SOIR → C'est la couleur la plus sombre : ☐☐☐☐

TOUT → Les princesses y sont parfois enfermées, tout en haut : ☐☐☐☐

TROIS → Ils sont nombreux dans le gruyère : ☐☐☐☐☐

25 Prénom : .... Date : ....

Ne pas confondre [s]  et [z] 

1 Pour chaque dessin, entoure le mot qui correspond.

désert	rose	poinçon	souci	treize
dessein	rosée	poisson	coursier	tresse
dessert	rosser	poison	sourcil	très

2 Entoure : en rouge, les lettres qui forment le son [s] **,**
en bleu, les lettres qui forment le son [z] **.**

s a v o n   c u i s i n e   a s s i e t t e   c e r i s e

o s e r   t r i s t e   q u a t o r z e   v a c a n c e s

3 Barre l'intrus de chaque série.

A. sucette — silence — service — secret

B. classeur — brosse — tournesol — casserole

C. personne — musique — magasin — fusée

4 Complète avec les mots suivants :
morceau — singe — cuisine — merci — peser.

Le client dit « .... » au serveur.

Je monte sur la balance pour me ....

Le gorille est un très grand ....

Dans la .... , j'ai mangé un .... de gâteau.

Ne pas confondre [s]  et [z] 

5 Complète les mots avec s, ss.

per...onne   le héri....on   une boi....on   pe...er

la cui...ine   la cla....e   un di...que   le de....in

6 Écris le féminin de chaque nom.

le maître → ....   le coiffeur → ....

un chanteur → ....   un directeur → ....

7 Invente une phrase avec chaque couple de mots.

(singe ; morceau) : ....

....

(classe ; quatorze) : ....

....

8 Place les mots suivants dans la grille.

CLASSE
MERCI
MORCEAU
ONZE
SALADE
SEULE

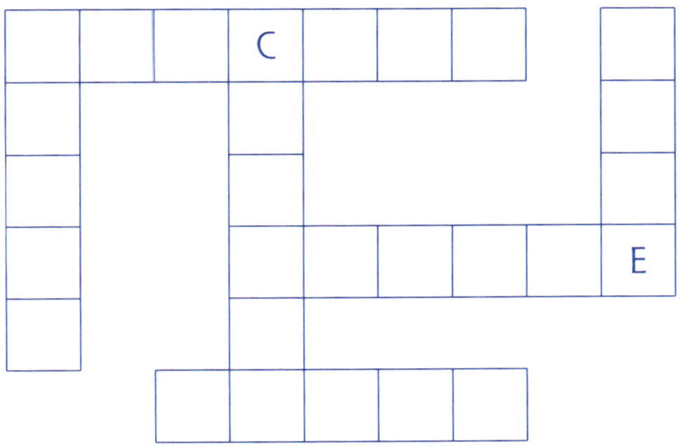

Prénom : .... Date : ....

Ne pas confondre [f]  et [v] 

1 Entoure : en rouge si tu entends le son [f],
en bleu si tu entends le son [v].

2 Écris les mots dans la ou les colonnes qui conviennent :
affiche — neuf — chèvre — phare — favori — phoque.

J'entends [f]			J'entends [v]
Je vois **f**	Je vois **ff**	Je vois **ph**	Je vois **v**
....	....	....	....
....	....	....	....

3 Tous ces mots contiennent la lettre f et la lettre v.
Complète-les à l'aide des définitions.

C'est le second mois de l'année : . . . é . . . rier

Quand on en a, on est malade : . . . iè . . . re

Ce mot signifie « rapide, alerte, agile » : . . . i . . .

Il est plus gros que la rivière : . . . leu . . . e

4 Complète avec les mots suivants :
girafe — phrase — ville — neuf — difficile.

La capitale de la France est la .... de Paris.

La .... se nourrit des plus hautes feuilles des arbres.

Mon blouson est .... : il ne faut pas que je l'abîme.

Dans cette ...., il y a un mot très ....

Ne pas confondre [f]  et [v] 

5 **Complète les mots avec** *f, ff, ph, v.*

un che...al *la ....ache* *di....icile* *....aire*

un ....antôme *la ....rase* *a...ril* *la ...ie*

6 **Forme trois mots avec ces syllabes.**

fan ra fe che tô gi me val

....

7 **Pour chaque nom, écris le pronom personnel qui correspond :** *il, elle, ils* **ou** *elles.*

les fantômes → ....
la vache → ....
un vendeur → ....
des fleurs → ....
le vent → ....
les girafes → ....

8 **Trouve le mot qui correspond à chaque dessin, puis écris-le dans la bonne grille.**

				V						
				F						
				V						
				F						

Prénom : .... Date : ....

Ne pas confondre [g] et [ʒ]

1 Pour chaque dessin, entoure le mot qui correspond.

goût	lange	joute	sigle	genou
joie	langue	grotte	signe	guenon
joue	longue	goutte	singe	jeune

2 Entoure : en rouge, les lettres qui forment le son [g], en bleu, les lettres qui forment le son [ʒ].

g l a ç o n — b o u g i e — g u i t a r e — g a r a g e

j u i l l e t — g a r d i e n — j o u e t — g u é r i r

3 Barre l'intrus de chaque série.

A. jaune — déjeuner — magique — ajouter

B. nougat — guidon — gomme — dragon

C. pigeon — nageoire — plongeon — éponge

4 Complète avec les mots suivants : **juillet — langue — glaçon — juin — journal.**

Ce petit garçon m'a tiré la ....

Je suis abonné à un .... pour enfants.

Si ma boisson n'est pas assez fraîche, j'ajoute un ....

Le mois de .... vient juste avant le mois de ....

Prénom : .... Date : ....

Ne pas confondre [g]  et [ʒ] 

5 **Complète les mots avec g, gu, ge.**

le lin... e   re... arder   lon.... e   la .... irafe

la ba.... ette   la na.... oire   sa... e   .... oûter

6 **Ordonne les lettres pour former des mots.**

a–s–e–g → ....   i–n–j–u → ....

n–u–e–j–a → ....   g–u–a–l–n–e → ....

7 **Écris au pluriel.**

un jeune garçon → ....

la jupe jaune → ....

le gros gâteau → ....

un journal intéressant → ....

8 **Change une seule lettre de chaque mot pour obtenir un nouveau mot. Aide-toi des définitions !**

PAGE → Quand on ne l'est pas, on est souvent puni : ☐☐☐☐

JAUNE → C'est le contraire de vieux : ☐☐☐☐☐

LINGE → Le gorille en est un. Le chimpanzé et le ouistiti aussi : ☐☐☐☐☐

LONGUE → Quand on ne sait pas, on la donne au chat : ☐☐☐☐☐☐

28

Prénom : .... Date : ....

m devant m, b, p

1 **Souligne en bleu les lettres qui forment les sons [ɑ̃] 100, [ɔ̃]  et [ɛ̃] .**
Entoure en rouge la lettre qui suit.

Devant m, b et p, on écrit **m** au lieu de **n**. Attention au mot « bonbon ».

a m p o u l e   g r i m p e r   n o m b r e
t o m b e r   e m m e n e r   s i m p l e

2 **Entoure les mots qui sont concernés par la règle d'orthographe étudiée.**

un timbre   le tambour   un ennemi   emmitouflé
une montre   combien   un bandit   le concombre

3 **Complète les mots avec *m* ou *n*.**

le ve...tre   *nove...bre*   *la cha...bre*   *i...terdit*
un po...pier   *atte...dre*   *gro...der*   *co...plet*

4 **Complète avec les mots suivants :**
simple — printemps — emmener — temps — timbre.

Sais-tu quel .... il fera demain ?

Samedi, mon frère va m'...................... voir un dessin animé.

J'ai acheté un .... à la poste pour envoyer ma lettre.

« .... » est un autre mot pour dire « facile ».

Le .... est la saison qui commence en mars et finit en juin.

Prénom : .... Date : ....

m devant m, b, p

5 Complète les mots avec *en, em, on, om.*

sept....bre   *g....fler*   *.....mener*   *souv....t*

un n....bre   *le t....ps*   *le m....de*   *s....bre*

6 Forme trois mots avec ces syllabes.

bre   **me**   **dé**   **em**   **cham**   **ner**   **cem**   **bre**

....

7 Complète avec un pronom personnel (*je, tu, il*...).

Combien de timbres as- .... dans ton album ?

Au printemps, ... emmenons souvent les enfants faire une promenade.

Tous les soirs, ... lit quelques pages de son livre dans sa chambre.

8 Change une seule lettre de chaque mot pour obtenir un nouveau mot. Aide-toi des dessins !

RAMPE → 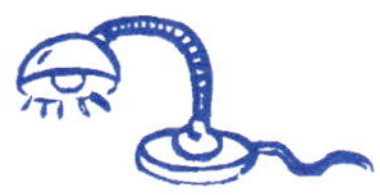 : ☐☐☐☐☐

AMBRE →  : ☐☐☐☐☐

DOMPTER → 

: ☐☐☐☐☐☐☐

Prénom : .... Date : ....

Les mots invariables

1 Dans la liste des mots à connaître, trouve :

- un mot où le son [ɛ̃]  s'écrit **ain** : ....
- trois mots où tu entends le son [ɑ̃] 100 : ....
- un mot où la lettre **p** ne s'entend pas : ....

2 Pour chaque phrase, souligne le mot qui convient.

Peux-tu me dire (comment / comme) s'écrit ce mot ?

J'ai joué aux billes pendant la récréation. J'en ai gagné (très / beaucoup).

Les joueurs de tennis ont dû terminer le match (sur / sous) la pluie.

La cloche a sonné, (alors / car) nous sommes descendus dans la cour.

3 Ordonne les lettres pour former des mots.

s–è–t–r → ....   n–a–s–d → ....

m–o–c–e–m → ....   r–o–s–l–a → ....

4 Complète avec les mots suivants :
sans — comme — sous — dehors — très.

Cet enfant joue .... bien du violon.

La taupe est un petit animal qui vit .... terre.

Les enfants sont partis jouer .... tous ensemble.

Ils ont accepté notre invitation .... hésiter.

Tu peux choisir une glace ou une gaufre, c'est .... tu veux.

Prénom : .... Date : ....

Les mots invariables

5 Écris le mot qui correspond à chaque définition.

Autre mot pour dire « parce que » : ....

Après « aujourd'hui » : ....

Contraire de « sous » : ....

Contraire de « dedans » : ....

6 Tous ces mots commencent par « sur » ou par « sous ». Complète-les, en t'aidant d'un dictionnaire si besoin.

un ....-marin

un ....nom

un ....-pull

une ....-tasse

le ....-sol

........voler

7 Invente une phrase avec chaque couple de mots.

(dans ; beaucoup) : ....

....

(dehors ; car) : ....

....

8 Retrouve, puis entoure les mots cachés dans la grille. (Ils sont écrits horizontalement ou verticalement.)

ALORS
CAR
DANS
DEMAIN
SANS
SOUS
SUR
TRÈS

A	B	E	S	G	U	D	E	M	A	I	N
L	C	O	A	P	E	T	R	E	F	A	N
O	A	L	N	I	S	R	E	D	L	U	S
R	R	I	S	V	P	È	D	A	N	S	U
S	A	S	O	U	S	S	O	X	T	E	R

30

Prénom : .... Date : ....

Les mots invariables

1 Dans la liste des mots à connaître, trouve :

- un mot où tu entends le son [e]  : ....
- deux mots où la lettre **t** ne s'entend pas : ....
- un mot où tu entends le son [wa]  : ....

2 Pour chaque phrase, souligne le mot qui convient.

(Enfin / Pour) calculer rapidement, j'utilise une calculatrice.

Olivier a (plus / encore) faim, alors il mange une banane.

Cet enfant a été félicité (par / pour) la maîtresse.

Le bus était en retard mais il est (assez / enfin) arrivé.

3 Complète les mots avec *en*, *an*.

souv....t	*dev....t*	*....core*	*av....t*
comm....t	*....fin*	*d....s*	*qu....d*

4 Complète avec les mots suivants : voilà — encore — par — devant — toujours.

Mes grands-parents n'ont pas .... reçu ma carte postale.

En arrivant à l'école, nous nous rangeons .... la porte.

Le spectacle a commencé .... un numéro de magie.

Le boulanger se lève .... très tôt le matin.

J'ai perdu ma gomme. « La .... », me dit mon voisin.

Prénom : .... Date : ....

30
Suite

Les mots invariables

5 Forme quatre mots avec ces syllabes.

vi · vent · de · te · sou · là · vant · voi

....

6 Ordonne les lettres pour former des mots.

s–a–p → ....
t–i–e–v → ....
z–a–s–e–s → ....
o–c–e–n–r–e → ....
f–e–n–n–i → ....
s–l–u–p → ....

7 Écris le mot qui correspond à chaque définition.

Contraire de « derrière » : ....

Contraire de « jamais » : ....

Autre mot pour dire « finalement » : ....

Va avec « voici » : ....

8 Place les mots suivants dans la grille.

ASSEZ
DEVANT
PAS
POUR
SOUVENT
TOUJOURS
VITE
VOILÀ

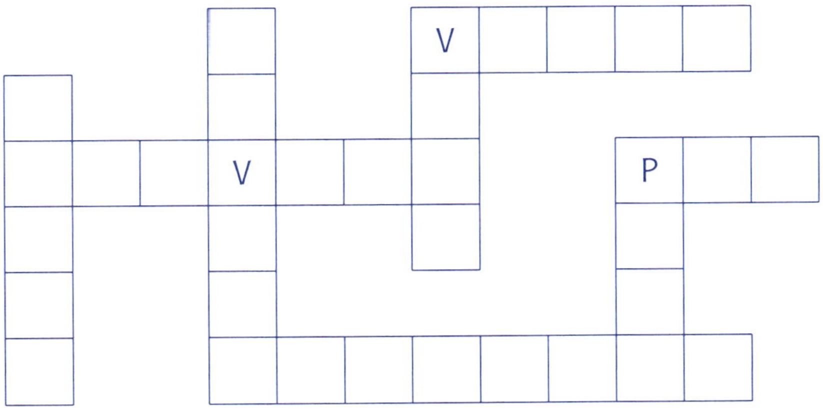

31

Prénom : .... Date : ....

Révisions

1 Pour chaque dessin, écris le mot qui correspond.

....

2 Parmi les mots que tu connais, trouve :

- un mot où le son [e]  s'écrit **er** : ....
- un mot où le son [f]  s'écrit **ph** : ....
- un mot qui s'écrit avec la lettre **y** : ....
- un mot qui finit par la lettre **x** : ....

3 Entoure les lettres qui forment le son [s] .

soleil	escalier	cerise	souris
addition	merci	danser	classe

4 Complète avec la syllabe qui convient.

tê **té** **ter** **maî** **mai** **mè**

la .... tresse	la .... te	ache ....
une .... son	ma .... re	le cô ....

Prénom : .... Date : ....

Révisions

5 Complète les mots avec o, ô, au, eau.

un h...mme   h....t   b......coup   dr...le

le cad......   zér....   un trés...r   j....ne

6 Ajoute des accents quand c'est nécessaire.

l'ecole   le soleil   une fete   le ciel

mon frere   le gateau   decembre   apres

7 Complète avec un pronom personnel (je, tu, il...).

Que regardes-......... à travers la vitre de ta chambre ?

.... ont joué de la guitare durant toute la soirée.

.... soulignez les verbes en rouge et .... entourez les noms en bleu.

8 Trouve le mot qui correspond à chaque dessin, puis écris-le dans la bonne grille.

	O	

				O	

	O					

				O

32

Prénom : .... Date : ....

Révisions

1 Pour chaque dessin, écris le mot qui correspond.

  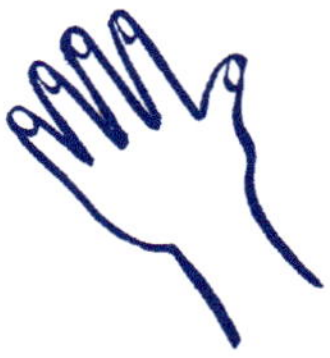 

....

2 Parmi les mots que tu connais, trouve :

- un mot où le son [ɛ̃] s'écrit **in** : ....
- un mot où le son [z] s'écrit **s** : ....
- un mot qui s'écrit avec la lettre **h** : ....
- un mot dont l'orthographe ne varie jamais : ....

3 Entoure les lettres qui forment le son [g].

gauche	bagage	guitare	gagner
aigle	baignoire	vingt	langue

4 Écris au pluriel.

une fleur rouge → ....

le joli chapeau → ....

mon grand frère → ....

un petit tapis → ....

Prénom : .... Date : ....

32 *Suite*

Révisions

5 **Complète les mots avec *on, oi, ou*.**

un ....seau — *la leç....* — *....ze* — *un hériss....*

la c....leur — *le b....quet* — *v....r* — *un m....ch....r*

6 **Ordonne les lettres pour former des mots.**

t–a–c–h → .... n–o–l–g → ....

n–a–i–p → .... x–y–e–u → ....

7 **Ordonne les mots pour former des phrases.**

de traverser, — et à gauche. — Avant — je regarde — à droite

....

de stylos — as-tu — ta trousse ? — bleus — Combien — dans

....

8 **Change une seule lettre de chaque mot pour obtenir un nouveau mot. Aide-toi des dessins !**

CENT →  : ☐☐☐☐

BALCON →  : ☐☐☐☐☐☐

MALADE → 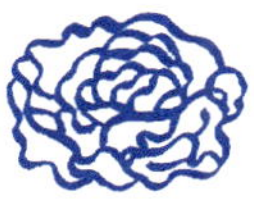 : ☐☐☐☐☐☐

1 Le son [i]

pages 32-33

1 Il faut colorier le tapis, le papillon et l'hippopotame.

2
A. ~~moustique~~ — pyjama — pays — y
B. ami — crocodile — ~~île~~ — cirque
C. mardi — citron — partir — ~~stylo~~

3

fourm(i)	lapin	inv(i)té	reine
t(i)rel(i)re	vois(i)ne	balai	mair(i)e

4 Le soir, je mets mon **pyjama** pour aller me coucher.
Au cirque, les clowns nous ont beaucoup fait **rire**.
Mardi dernier, le maître nous a lu un nouveau **livre**.
Mes parents voyagent beaucoup : ils ont visité de nombreux **pays**.
Le mot « grand » est le contraire du mot « **petit** ».

5

le stylo	rire	un livre	une île
un pyjama	petit	le tapis	le pays

6 petit — pyjama — tapis

7 La balle du petit chien a roulé sur le tapis.
Mon ami m'a prêté un livre sur les pays d'Afrique.

8

R	A	A	M	A	R	D	I	V	Z	O	L
I	H	M	B	R	E	D	X	A	P	L	I
R	A	I	M	O	Î	L	E	E	A	U	V
E	C	R	P	E	T	I	T	U	Y	W	R
E	P	Y	J	A	M	A	R	H	S	O	E

CORRECTIONS

Les sons [o] et [ɔ] *pages 34-35*

1 Il faut entourer en rouge : la chaussure, le chapeau, le piano,
en bleu : le trésor, la carotte.

2

escargot ☐ ☐ ☒	plutôt ☐ ☒	autobus ☒ ☒ ☐
saucisson ☒ ☐ ☐	drapeau ☐ ☒	couteau ☐ ☒

3

J'entends [o]			J'entends [ɔ]
Je vois **o**	Je vois **au**	Je vois **eau**	Je vois **o**
r**o**bot gr**o**s	j**au**ne	gât**eau** **eau**	**o**r b**o**l

4 Pour me protéger du soleil, je mets un **chapeau**.
Dans ma trousse, je range mes stylos, mes crayons et ma **gomme**.
Je suis assis à la droite de Marie. Marie est donc assise à ma **gauche**.
C'est un **mot** de deux lettres qui commence par la lettre « o » : **or**.

5 une gomme — un cadeau — le côté — le chapeau
c'est beau — la gauche — la porte — l'automne

6

t–m–o → mot
ô–c–t–é → côté
a–b–e–u → beau
u–a–e → eau
t–e–r–p–o → porte
a–c–d–a–e–u → cadeau

7 automne — chocolat — manteau — or — poésie

8

		③↓			④↓		⑤↓
		B					C
		E			G		A
		A			O		D
①→	A	U	T	O	M	N	E
					M		A
②→	P	O	R	T	E		U

CORRECTIONS

3 Le son [e] pages 36-37

1 Il faut colorier la poupée, l'écureuil et le dé.

2

assez	☐ ☒	arrivée	☐ ☐ ☒	écolier	☒ ☐ ☒
rentrée	☐ ☒	vérité	☒ ☐ ☒	éventail	☒ ☐ ☐

3
A. acheter — manger — rocher — ~~sucré~~
B. blé — ~~nez~~ — clé — dé
C. ~~cinéma~~ — été — récréation — bébé

4
Les pirates ont trouvé un **trésor** dans une grotte secrète.
Pour ouvrir la porte, j'ai besoin d'une **clé**.
Pour Noël, j'ai commandé une **poupée** et un costume de **fée**.
L'**été** est la saison de l'année que je préfère.
J'aimerais **aller** au cinéma pour voir un dessin animé.

5
un nez — le bébé — acheter (achetez) — une fée
du café — aller (allez) — une poupée — ton pied

6
l–c–é → clé
i–p–e–d → pied
f–é–a–c → café
t–é–é → été
l–l–a–r–e → aller
é–f–e → fée

7 Fais lire tes deux phrases à ton maître ou à ta maîtresse.

8

C									
A	C	H	E	T	E	R			
F				R				A	
É	T	É		É			C	L	É
				S				L	
			P	O	U	P	É	E	
				R				R	

CORRECTIONS

4 Le son [ɛ] 7 *pages 38-39*

1 Il faut barrer la bouée.

2

J'entends [ɛ] 7	J'entends [e]
man**è**ge	dict**ée**
f**ê**te	poup**ée**
éch**e**lle	**é**chelle
n**ei**ge	ass**ez**

3

lumière → è
mais → ai
objet → et
règle → è
tempête → ê
baleine → ei

4

Le roi est marié avec la **reine**.
Mes parents ont deux enfants : mon **frère** et moi.
Il y a **sept** couleurs dans un arc-en-**ciel**.
Le crocodile peut se déplacer dans l'eau mais aussi sur **terre**.

5

apres → apr**è**s
pere → p**è**re
fete → f**ê**te
vert → vert
fenetre → fen**ê**tre
terre → terre
sept → sept
frere → fr**è**re

6

fenêtre	fête	reine

7 lumière — mais — objet — semaine — vert

8

MIEL →	C	I	E	L	
FÊTE →	B	Ê	T	E	
PEINE →	R	E	I	N	E
VERTE →	V	E	R	R	E

CORRECTIONS

5 Les accents *pages 40-41*

1 Il faut entourer en bleu : v(é)ri t(é) (é)l è v e,
en rouge : é l(è)v e m a n(è)g e,
en vert : a o(û)t m(ê)m e.

2

Accents aigus	Accents graves	Accents circonflexes
f**é**e **é**cole **é**t**é**	m**è**re apr**è**s	g**â**teau **î**le aussit**ô**t

3 **A.** ~~carré~~ — flèche — père — pièce
B. tête — ~~drôle~~ — crêpe — tempête
C. naître — traîneau — maître — ~~maison~~

4 Je donne au marchand un billet de 5 euros et une **pièce** de 2 euros.
Au mois d'**août**, je pars en vacances au bord de la mer.
Légumes, poissons, fromages... On trouve de tout sur le **marché**.
À l'**école**, la **maîtresse** nous a fait faire une dictée.

5 mere → m**è**re
gateau → g**â**teau
fevrier → f**é**vrier
ecole → **é**cole
meme → m**ê**me
drole → dr**ô**le

6 e–ê–m–m → même
e–r–p–è → père
r–ô–e–l–d → drôle
ê–t–t–e → tête

7 Mon père m'a donné une pièce pour aller au marché.
Août et février sont deux mois de l'année.

8 FÊTE → T Ê T E
NIÈCE → P I È C E
NAÎTRE → M A Î T R E

CORRECTIONS

6 Les sons [ə], [ø] et [œ]

pages 42-43

1 Il faut entourer en rouge : la queue, le nœud,
en bleu : la fleur, l'œuf, l'ordinateur.

2

chemin	☒ ☐	cheveu	☒ ☒
courageux	☐ ☐ ☒	heureux	☒ ☒
silencieux	☐ ☐ ☒	recevoir	☒ ☒ ☐

3
A. milieu — nombreux — ~~melon~~ — adieu
B. couleur — ~~cœur~~ — instituteur — vendeur
C. mercredi — samedi — ~~jeudi~~ — vendredi

4 Les enfants ont fait une ronde. Je me suis assis au **milieu**.
Je me suis cogné : j'ai un **bleu** sur la jambe.
Je sais réciter cette poésie par **cœur**.
Mercredi dernier, le **feu** a brûlé une partie de la forêt.

5 *un oeuf* — *l'heure* — *le milieu* — *la cerise*
la couleur — *mercredi* — *un nœud* — *les devoirs*

6 couleur | heure | mercredi

7 Le bleu n'est pas sa couleur préférée.
Le soir, je ne fais pas mes devoirs avec ma sœur.

8

			④↓			⑤↓		
			S			O		
	①→	C	O	U	L	E	U	R
			E			U		
			U		②→	F	E	U
③→ H	E	U	R	E				

7 Le son [s] *pages 44-45*

1 Il faut barrer la fraise.

2

parasol ☐ ☐ ☒	concert ☐ ☒	natation ☐ ☐ ☒
sursauter ☒ ☒ ☐	pinceau ☐ ☒	escalier ☒ ☐ ☐

3

casser → ss
attention → t
ciel → c
garçon → ç
souris → s
sport → s

4

Pour trouver la somme de deux nombres, je fais une **addition**.
« **Voici** votre nouveau camarade », a dit la maîtresse.
Quand je suis en retard, je monte l'**escalier** quatre à quatre.
Le nombre **dix** est le plus petit nombre à deux chiffres.
Quand le chat s'approche, la **souris** s'enfuit. Le canari **aussi**.

5

le poisson *la souris* *voici* *l'escalier*
la leçon *aussi* *samedi* *une addition*

6

x–i–d → dix
s–s–u–a–i → aussi
i–c–o–v–i → voici
e–l–o–n–ç → leçon

7 Fais lire tes deux phrases à ton maître ou à ta maîtresse.

8

S	V	S	A	M	E	D	I	O	L
O	O	M	E	C	H	D	I	X	E
U	I	V	A	U	S	S	I	U	Ç
R	C	P	O	I	S	S	O	N	O
I	I	B	R	E	J	A	L	U	N
S	U	H	C	Y	P	O	G	U	W
D	A	D	D	I	T	I	O	N	B

CORRECTIONS

8 Le son [z]  *pages 46-47*

1 Il faut entourer en rouge : l'oiseau, la fusée,
en bleu : la glace, la sucette,
en vert : la cerise.

2
A. ~~fraise~~ — lézard — quinze — zéro
B. poser — ~~sable~~ — visage — magasin
C. mesurer — dinosaure — ~~douzaine~~ — noisette

3

m a i (s) o n	s a p i n	o u r s
v a l i (s) e	m y s t è r e	p o (s) e r
h a (s) a r d	u (s) i n e	t r i s t e

4 Un **oiseau** est tombé de l'arbre : je vais le soigner.
Le nombre **treize** vient juste après le nombre **douze**.
La petite souris est toute **grise**.
Le **magasin** du boulanger est une « boulangerie ».

5

la mai **son**	gri **se**	un maga **sin**
sei **ze**	le **zè** bre	**zé** ro

6 magasin — oiseau — saison — voisin — zoo

7 Le zèbre est un animal à rayures blanches et noires.
Douze et treize sont deux nombres qui se suivent.

8

M	A	I	S	O	N			T
				I				R
				S	E	I	Z	E
Z	È	B	R	E				I
				A				Z
		D	O	U	Z	E		E

CORRECTIONS

Le son [f]

pages 48-49

1 Il faut colorier la feuille, le nombre neuf et l'éléphant.

2

fabriquer	⊠ ☐ ☐	pharmacie	⊠ ☐ ☐
photographie	⊠ ☐ ☐ ⊠	parfois	☐ ⊠

3

famille → f	effort → ff	français → f
phrase → ph	neuf → f	siffler → ff

4 Le **photographe** a photographié les mariés.
Les poules, les vaches et les cochons sont des animaux de la **ferme**.
La maîtresse dit : « Lisez le premier **paragraphe** du texte. »
Monsieur Dupont et sa **femme** ont un **fils** et une fille.
La **fourmi** est un insecte qui vit en société, dans une fourmilière.

5

une fermière	une affiche	une femme
le paragraphe	la fourmi	le photographe

6

m–e–r–f–e → ferme	r–t–o–f → fort
s–l–i–f → fils	m–m–f–e–e → femme

7 Le fils du fermier ne travaille pas à la ferme avec son père.
Sur cette photographie, on ne voit pas toute ma famille.

8

				5↓				
1 →		A	F	F	I	C	H	E
	4↓			E				
2 →	F	E	R	M	I	È	R	E
	O			M				
	R	3 →	F	E	R	M	E	
	T							

10 Le son [k]

pages 50-51

1 Il faut colorier la coccinelle, le masque et le cartable.

2

J'entends [k]			
Je vois **c**	Je vois **q**	Je vois **qu**	Je vois **k**
o**c**tobre **c**al**c**ul	cin**q**	fabri**qu**er musi**qu**e	**k**iwi

3 c i s e a u x   (c) a r n a v a l   c h a (c) u n
(c) o r r i g e r   a v e (c)   c e r (c) l e

4 Le **cirque** arrive dans notre ville : nous irons voir le spectacle.
Chaque année, j'offre un **bouquet** à ma mère pour sa fête.
Le mois d'**octobre** vient juste après le mois de septembre.
Le **kiwi** est un fruit comestible dont la peau est marron.

5 *quatre*   *chacun*   *chaque*   *un bouquet*
cinq   *un kiwi*   *quand*   *octobre*

6 le cirque → les cirques   un bouquet → des bouquets
un képi → des képis   le coq → les coqs

7 Fais lire tes deux phrases à ton maître ou à ta maîtresse.

8

COQ → | C | O | L |

BANQUE → | B | A | R | Q | U | E |

MASQUE → | C | A | S | Q | U | E |

CORRECTIONS

11 Le son [g]

pages 52-53

1 Il faut barrer le crabe.

2 Il faut recopier les mots : dé**gu**iser, fi**gu**e, lon**gu**e, **gu**ide, navi**gu**er.
(Dans les mots : fi**g**ure, vir**g**ule et dé**g**uster, le son [g] s'écrit **g**.)

3
A. vague — guidon — ~~gorille~~ — guêpe
B. garçon — ~~fatigue~~ — cigale — gourmand
C. langue — baguette — guenon — ~~nuage~~

4 À Noël, je décore le sapin avec des **guirlandes**.
Mon frère aîné joue très bien de la **guitare**.
Comme le lion et la panthère, le **tigre** est un fauve.
Le mot « maigre » est le contraire du mot « **gros** ».
L'**escargot** est un mollusque dont la coquille est arrondie.

5 *le tigre* *une bague* *ma guitare* *une guirlande*
un ongle *l'escargot* *regarder* *une baguette*

6
s–r–o–g → gros
l–e–g–n–o → ongle
g–r–i–t–e → tigre
a–u–g–e–b → bague

7 Ce garçon est poli.
Les fées possèdent toujours une baguette magique.

8

V	E	S	C	A	R	G	O	T	A	B	O
T	G	L	O	G	U	I	T	A	R	E	N
I	H	O	S	T	R	Y	O	J	G	U	G
G	G	A	R	Ç	O	N	B	L	R	A	L
R	D	A	F	B	A	G	U	E	O	Q	E
E	R	E	G	A	R	D	E	R	S	M	I

CORRECTIONS

12 Le son [ʒ] pages 54-55

1 Il faut colorier le journal, le nuage et la bougie.

2

J'entends [ʒ]		
Je vois **j**	Je vois **g**	Je vois **ge**
jumelles ob**j**et	bou**g**ie **g**éant	pi**ge**on na**ge**oire

3 genou grimace bagage magique
gorge argent gigot virgule

4 Le **jour** vient après la nuit.
Le bleu, le blanc et le **rouge** sont les couleurs du drapeau français.
Le **jeudi**, nous allons **nager** à la piscine.
Le **pigeon** est un oiseau que l'on rencontre souvent dans les villes.

5 ton jardin une cage un pigeon jouer
la magie manger jolie une image

6 jeter — jour — magie — message — région

7 Le jeudi est le quatrième jour de la semaine.
« Magie » et « image » s'écrivent avec les mêmes lettres.

8

JOUE	→	J	O	U	R		
CAGE	→	N	A	G	E		
JOLIE	→	J	U	L	I	E	
MANGER	→	R	A	N	G	E	R

CORRECTIONS

13 Le son [ɑ̃] 100 *pages 56-57*

1 Il faut entourer les mots : lampe, gant, banc, dent, ange.

2

marchand → an — amusant → an — seulement → en
inventer → en — ampoule → am — printemps → em

3

A. danser — ~~centre~~ — manteau — grand
B. ~~tempête~~ — cent — souvent — gentil
C. pendant — changement — enfant — ~~tranche~~

4

Un **marchand** de fleurs s'appelle un fleuriste.
Le mois de novembre compte **trente** jours.
Vendredi, mes **parents** ont rencontré la maîtresse.
Cent est le plus petit nombre à trois chiffres.

5

une **jam** be — di **man** che — **ven** dredi
en **sem** ble — **dan** ser — a **vant**

6

d–n–a–e–g–r → danger — n–e–t–c → cent
b–e–m–j–a → jambe — a–t–v–n–a → avant

7

un accident — ils mangent — le vent — elles achètent
elles jouent — prudent — ils nagent — un médicament

8

						G	R	A	N	D
C	E	N	T							A
	N				J					N
	F			P	A	R	E	N	T	S
	A				M					E
E	N	S	E	M	B	L	E			R
	T				E					

CORRECTIONS

14 Le son [ɔ̃]

pages 58-59

1 Il faut entourer les mots : ongle, trompe, pont, menton, flacon.

2

J'entends [ɔ̃]	Je n'entends pas [ɔ̃]
r**on**d	automne
n**om**breux	personne
poum**on**	monument

3

montre → on	glouton → on	champignon → on
sombre → om	grognon → on	trombone → om

4 On peut apprendre à **conduire** à partir de 16 ans.
Combien d'élèves y a-t-il dans ta classe ?
Guignol a toujours peur de recevoir des coups de **bâton**.
Dans la cour, tout le **monde** joue au **ballon**.

5 ronde | tomber | conduire

6

des ballons	nous (mangeons)	un pont	des salons
ils (ont)	des champignons	nous (allons)	elles (font)

7 Fais lire tes deux phrases à ton maître ou à ta maîtresse.

8

		③↓					④↓			
		B					M			
		A					O			⑤↓
		L			①→ M	O	N	T	E	R
		L					T			O
②→	C	O	N	D	U	I	R	E		N
		N					E			D

CORRECTIONS

15 Le son [ɛ̃]

pages 60-61

1 Il faut entourer les mots : coussin, train, peinture, pain, patin.

2

moulin ☐ ☒	écrivain ☐ ☐ ☒	lointain ☐ ☒
grimper ☒ ☐	inconnu ☒ ☐ ☐	féminin ☐ ☐ ☒

3

A. lundi — brun — ~~lutin~~ — jungle

B. linge — ~~frein~~ — mince — quinze

C. invisible — printemps — interdit — ~~impossible~~

4 Nous prendrons notre goûter quand nous aurons **faim**.

Le lapereau est le petit du **lapin** et de la lapine.

Pour former une ronde, tous les enfants se sont donné la **main**.

J'avais **vingt** billes. J'en ai perdu cinq. Il m'en reste donc **quinze**.

5

un moulin	vingt	impossible	peindre
la main	malin	un lapin	quinze

6 moulin | lapin | lundi | matin

7

le prince → les princes

ma main → mes mains

un infirmier → des infirmiers

une invitation → des invitations

8

LAPIN → S A P I N

MAIN → P A I N

MATIN → P A T I N

DAIM → F A I M

CORRECTIONS

16 Le son [ɲ]

pages 62-63

1 Il faut colorier le champignon, la poignée et la baignoire.

2 Il faut recopier les mots :
chi**gn**on, ga**gn**er, Allema**gn**e, si**gn**al, ma**gn**ifique, cy**gn**e.

3

agneau ☐ ☒ — grignoter ☐ ☒ ☐ — Guignol ☐ ☒

soigner ☐ ☒ — araignée ☐ ☐ ☒ — ignorer ☐ ☒ ☐

4 L'**araignée** tisse une toile pour attraper ses proies.
Je lis avec attention la **consigne** de l'exercice.
Le Mont-Blanc est la plus haute **montagne** de France.
On cultive la **vigne** pour produire du vin.
La maîtresse nous a demandé de **souligner** les verbes en rouge.

5

l'arai **gnée** — un chi **gnon** — une bai **gnoi** re

sai **gner** — la campa **gne** — un pei **gne**

6 campagne — consigne — ligne — signal — souligner

7

il saigne → saigner
elle gagne → gagner
ils signent → signer
tu grignotes → grignoter
je souligne → souligner
elle soigne → soigner

8

P	E	I	G	N	E

C	H	I	G	N	O	N

A	R	A	I	G	N	É	E

M	O	N	T	A	G	N	E

CORRECTIONS

17 Le son [j]

pages 64-65

1 Il faut barrer la piscine.

2

stylo	ro(y)aume	poney	ennu(y)er
ra(y)on	(y)eux	cito(y)en	pays

3

J'entends [j]		Je n'entends pas [j]
Je vois **i**	Je vois **y**	
b**i**entôt	tu**y**au	ligne
permiss**i**on	vo**y**elle	biscuit

4 J'écris mon nom sur la première page de mon **cahier**.
Hier est la veille d'aujourd'hui.
Janvier est le **premier** mois de l'année.
Cet enfant a les **yeux** plus grands que le ventre !

5

voyager	un piéton	payer	un crayon
janvier	le cahier	hier	la voyelle

6 voyager — crayon — payer

7 Un piéton est une personne qui se déplace à pied.
La lettre y est la sixième voyelle de l'alphabet français.

8

C	I	V	O	Y	E	L	L	E	H	O	P
R	A	M	Y	P	S	U	V	P	I	Z	A
A	Y	H	C	A	H	I	E	R	E	B	Y
Y	E	L	Y	Q	U	F	O	A	R	P	E
O	U	M	P	R	E	M	I	E	R	U	R
N	X	Y	A	N	V	O	Y	A	G	E	R

CORRECTIONS

18 Les sons [ij] , [aj] , [ɛj] , [œj] et [uj]

pages 66-67

1 Il faut entourer en rouge : le billet, le papillon,
en bleu : la bouteille, le réveil,
en vert : le fauteuil.

2

un écureuil	→ euil	la taille	→ aill
le rail	→ ail	un orteil	→ eil
une groseille	→ eill	une feuille	→ euill

3
A. maillot — caillou — ~~travail~~ — tailler
B. corbeille — ~~feuilleton~~ — oreillon — réveillon
C. cheville — tourbillon — vanille — ~~veiller~~

4
Sur la plage, j'ai ramassé un beau **coquillage**.
En hiver, le **soleil** se couche plus tôt qu'en été.
Ma cousine est la **fille** de ma tante et de mon oncle.
La **grenouille** a sauté sur une **feuille** de nénuphar.

5

une oreille	une grenouille	un fauteuil
un coquillage	une bouteille	le soleil
un papillon	une citrouille	le travail

6 merveille — mouiller — muraille — oreille — pareil

7

le travail	→ travailler	un bâillement	→ bâiller
un habit	→ habiller	la rouille	→ rouiller

8

						④↓			⑤↓
						S			F
①→	M	A	I	L	L	O	T		I
						L			L
②→		F	A	U	T	E	U	I	L
						I			E
③→		F	E	U	I	L	L	E	

CORRECTIONS

19 La lettre x *pages 68-69*

1

e(x)emple — gracieux — e(x)act — an(x)ieux
prix — e(x)près — soi(x)ante — noix

2

J'entends [gz] 	J'entends [ks] 
e**x**ercice	te**x**te
e**x**iger	e**x**plication
e**x**istence	e**x**ception

3

A. vieux — ~~fixe~~ — toux — choix
B. extérieur — excellent — expression — ~~examen~~
C. six — soixante — ~~deux~~ — dix

4

En orthographe, il y a souvent une **exception** à la règle.
Mon grand frère passe un **examen** important : le baccalauréat.
J'ai dix paquets de **six** billes. J'ai donc **soixante** billes.
Le prince et la princesse furent **heureux** et eurent beaucoup d'enfants.

5

x–i–s → six
u–e–d–x → deux
x–o–u–d → doux
x–a–i–t → taxi

6

joyeuse → joyeux
jalouse → jaloux
creuse → creux
fausse → faux
douce → doux
vieille → vieux

7

(des rideaux) — une noix — (les chevaux)
un prix — (des jeux) — (les couteaux)
du houx — (les animaux) — la paix

8

DOUX →

H	O	U	X

DEUX →

Y	E	U	X

CHOIX →

C	R	O	I	X

CORRECTIONS

20 La lettre h *pages 70-71*

1 Il faut entourer les mots : bouche, phoque, hache, hochet, haltère.

2

t(h)éâtre	(h)istoire	de(h)ors	physique
chercher	bon(h)omme	phare	(h)orloge

3

le hachoir	**l'**homme	**le** hasard
l'hiver	**la** haie	**l'**habit
l'herbe	**le** haricot	**l'**heure

4 Je donne ma langue au **chat**.
Je vais acheter des médicaments à la **pharmacie**.
La chorale de l'école répète un nouveau **chant**.
Cet **hiver**, la neige est tombée pendant plusieurs jours.
Il faut tondre l'**herbe** du jardin quand elle est trop **haute**.

5

cher **cher**	**chau** de	une **her** be
la **phar** macie	**hau** te	un **pha** re

6

un homme	*un oiseau*	*huit*	*une image*
un animal	*habiller*	*aimer*	*une histoire*

7 Fais lire tes deux phrases à ton maître ou à ta maîtresse.

8

C	H	E	R	C	H	E	R			
H				H					H	
A		P	H	A	R	M	A	C	I	E
N				U					V	
T				D					E	
			H	E	R	B	E		R	

21 Ne pas confondre « ai » et « ia », « ain » et « ian »

pages 72-73

1 Il faut entourer les mots : laine, lait, laisse, diamant, craie.

2

Je vois **ai**	Je vois **ain**	Je vois **ia**	Je vois **ian**
r**ai**sin	entr**ain** gr**ain**	pl**ia**ge av**ia**teur	f**ian**cé

3

s o u d (a i n) — s e m a i n e — (a i n) s i — m (a i n) t e n a n t

g r a i n e — l e n d e m (a i n) — l a i n e — m a r r a i n e

4 Tarzan voyage de **liane** en **liane**.
Le premier **mai**, on vend du muguet.
L'**aviateur** a abîmé l'**aile** droite de son avion.
L'**aigle** est un oiseau de grande taille, au bec crochu.

5

un piano — jamais — le mariage — la chaise

une aile — faire — un aviateur — un aigle

6

le pain — la viande — un copain — un écrivain

un train — demain — le fiancé — un mendiant

7 Je mange toujours du pain le matin.
Tout le monde reste sagement assis sur sa chaise.

8

A	I	G	L	E

L	I	A	N	E

C	H	A	I	S	E

A	V	I	A	T	E	U	R

CORRECTIONS

22 Ne pas confondre « ein » et « ien »

pages 74-75

CORRECTIONS

1 Il faut barrer le peintre.

2

Je vois **ein**	Je vois **ien**
att**ein**dre	b**ien**tôt
p**ein**tre	ind**ien**
c**ein**ture	music**ien**

3
enc(ein)te — reine — ét(ein)dre — Seine
baleine — fr(ein) — empr(ein)te — peiner

4
J'ai rempli mon verre : il est **plein** à ras bord.
« Tout » est le contraire de « **rien** ».
Mon père m'a demandé d'**éteindre** la télévision.
Cette équipe de football a un excellent **gardien** de but.
Maman est **enceinte**. J'aurai **bientôt** un petit frère.

5
un chien — combien — rien — une ceinture
peindre — bientôt — plein — un chirurgien

6 ceinture — éteindre — musicien

7
la musicienne → le musicien
une comédienne → un comédien
la gardienne → le gardien
une magicienne → un magicien

8

M	U	S	I	C	I	E	N	O	I	B
A	U	P	E	I	N	T	R	E	R	I
P	E	N	I	V	B	R	Y	C	I	E
L	A	C	H	I	E	N	F	O	E	N
E	Z	D	R	U	E	Q	U	O	N	T
I	E	C	E	I	N	T	U	R	E	Ô
N	G	A	R	D	I	E	N	T	E	T

23 Ne pas confondre « oin » et « ion »

pages 76-77

1 Il faut entourer les mots : poing, lion, foin, avion, moins.

2

Je vois **oin**	Je vois **ion**	Je ne vois ni **oin**, ni **ion**
l**oin** j**oin**dre	pass**ion** pot**ion**	buisson grillon

3 lionne   quest(ion)   invent(ion)   camionneur
rég(ion)   national   championnat   télévis(ion)

4 Le lionceau est le petit du **lion** et de la lionne.
Il y a plusieurs réponses à cette **question**.
Pour déménager, ils ont **besoin** d'un **camion**.
Il s'est appliqué : son dessin est fait avec **soin**.

5 la passion   le soin   attention   besoin
un camion   du foin   pointu   l'avion

6 n–o–f–i → foin   n–i–o–s → soin
a–n–i–v–o → avion   a–c–m–o–i–n → camion

7 La femelle du lion ne porte pas de crinière.
J'ai besoin d'aide pour répondre à cette question.

8

						③↓				⑤↓ L
						A		④↓		O
						V		L		I
① →	T	É	L	É	V	I	S	I	O	N
						O		O		
② →	C	A	M	I	O	N		N		

CORRECTIONS

24 Ne pas confondre « on », « oi » et « ou »

pages 78-79

1 Il faut entourer les mots : doigt, chou, tronc, roue, poussin.

2 Il faut entourer,

en rouge : dind(on) chiff(on) bouch(on),

en bleu : dr(oi)te mouch(oi)r v(oi)lier,

en vert : c(ou)ffin m(ou)choir t(ou)t b(ou)chon.

3

A. ouvrir — ~~cuisson~~ — trousse — bouger

B. ~~biberon~~ — éloigner — froide — coiffer

C. bouchon — glouton — ~~donjon~~ — poumon

4 Après avoir couru, j'ai souvent **soif**.

Le **roi** et la reine avaient **trois** jeunes enfants.

La maîtresse nous a demandé de chanter **tous** ensemble.

Le **hérisson** est un animal dont le corps est couvert de piquants.

5 le soir — une étoile — un hérisson — un bijou

ouvrir — bonjour — une trousse — la droite

6

i–r–o–s → soir

d–r–i–f–o → froid

v–r–u–o–r–i → ouvrir

t–t–e–u–o → toute

7

une croix → des croix

mon oncle → mes oncles

l'ours → les ours

le tiroir → les tiroirs

8

COUP → | L | O | U | P |

SOIR → | N | O | I | R |

TOUT → | T | O | U | R |

TROIS → | T | R | O | U | S |

CORRECTIONS

25 Ne pas confondre [s] et [z]

pages 80-81

1 Il faut entourer les mots : dessert, rose, poisson, sourcil, tresse.

2 Il faut entourer,
en rouge : (s)avon a(s)(s)iette (c)erise tri(s)te vacan(c)es,
en bleu : cui(s)ine ceri(s)e o(s)er quator(z)e.

3
A. sucette — silence — service — ~~secret~~
B. classeur — brosse — ~~tournesol~~ — casserole
C. ~~personne~~ — musique — magasin — fusée

4 Le client dit « **merci** » au serveur.
Je monte sur la balance pour me **peser**.
Le gorille est un très grand **singe**.
Dans la **cuisine**, j'ai mangé un **morceau** de gâteau.

5
personne *le hérisson* *une boisson* *peser*
la cuisine *la classe* *un disque* *le dessin*

6
le maître → la maîtresse
un chanteur → une chanteuse
le coiffeur → la coiffeuse
un directeur → une directrice

7 Fais lire tes deux phrases à ton maître ou à ta maîtresse.

8

M	O	R	C	E	A	U		O
E			L					N
R			A					Z
C			S	A	L	A	D	E
I			S					
		S	E	U	L	E		

CORRECTIONS

26 Ne pas confondre [f] et [v]

pages 82-83

1 Il faut entourer en rouge : le fantôme, la flûte,
en bleu : le savon, le livre, le réveil.

2

J'entends [f]			J'entends [v]
Je vois **f**	Je vois **ff**	Je vois **ph**	Je vois **v**
neu**f** **f**avori	a**ff**iche	**ph**are **ph**oque	chè**v**re fa**v**ori

3 C'est le second mois de l'année : février

Quand on en a, on est malade : fièvre

Ce mot signifie « rapide, alerte, agile » : vif

Il est plus gros que la rivière : fleuve

4 La capitale de la France est la **ville** de Paris.
La **girafe** se nourrit des plus hautes feuilles des arbres.
Mon blouson est **neuf** : il ne faut pas que je l'abîme.
Dans cette **phrase**, il y a un mot très **difficile**.

5 un cheval — la vache — difficile — faire
un fantôme — la phrase — avril — la vie

6 fantôme | girafe | cheval

7

les fantômes → ils	la vache → elle	un vendeur → il
des fleurs → elles	le vent → il	les girafes → elles

8

				V	I	L	L	E	
G	I	R	A	F	E				
	C	H	E	V	A	L			
				F	A	N	T	Ô	M	E

CORRECTIONS

27 Ne pas confondre [g] et [ʒ]

pages 84-85

1 Il faut entourer les mots : joue, langue, goutte, singe, genou.

2 Il faut entourer,
en rouge : glaçon guitare garage gardien guérir,
en bleu : bougie garage juillet jouet.

3
A. jaune — déjeuner — ~~magique~~ — ajouter
B. nougat — ~~guidon~~ — gomme — dragon
C. pigeon — nageoire — plongeon — ~~éponge~~

4 Ce petit garçon m'a tiré la **langue**.
Je suis abonné à un **journal** pour enfants.
Si ma boisson n'est pas assez fraîche, j'ajoute un **glaçon**.
Le mois de **juin** vient juste avant le mois de **juillet**.

5 le linge regarder longue la girafe
la baguette la nageoire sage goûter

6
a–s–e–g → sage
n–u–e–j–a → jaune
i–n–j–u → juin
g–u–a–l–n–e → langue

7
un jeune garçon → des jeunes garçons
la jupe jaune → les jupes jaunes
le gros gâteau → les gros gâteaux
un journal intéressant → des journaux intéressants

8
PAGE → S A G E
JAUNE → J E U N E
LINGE → S I N G E
LONGUE → L A N G U E

CORRECTIONS

m devant m, b, p

pages 86-87

1

ampoule grimper nombre
tomber emmener simple

2

un timbre · le tambour · un ennemi · emmitouflé
une montre · combien · un bandit · le concombre

3

le ventre · novembre · la chambre · interdit
un pompier · attendre · gronder · complet

4

Sais-tu quel **temps** il fera demain ?
Samedi, mon frère va m'**emmener** voir un dessin animé.
J'ai acheté un **timbre** à la poste pour envoyer ma lettre.
« **Simple** » est un autre mot pour dire « facile ».
Le **printemps** est la saison qui commence en mars et finit en juin.

5

septembre · gonfler · emmener · souvent
un nombre · le temps · le monde · sombre

6

chambre · emmener · décembre

7

Combien de timbres as-**tu** dans ton album ?
Au printemps, **nous** emmenons souvent les enfants faire une promenade.
Tous les soirs, **il** (ou **elle**) lit quelques pages de son livre dans sa chambre.

8

RAMPE → | L | A | M | P | E |

AMBRE → | O | M | B | R | E |

DOMPTER → | C | O | M | P | T | E | R |

CORRECTIONS

29 Les mots invariables

pages 88-89

1

- un mot où le son [ɛ̃]  s'écrit **ain** : dem**ain**.
- trois mots où tu entends le son [ɑ̃] 100 : comm**en**t, d**an**s, s**an**s.
- un mot où la lettre **p** ne s'entend pas : beaucou**p**.

2

Peux-tu me dire <u>comment</u> s'écrit ce mot ?

J'ai joué aux billes pendant la récréation. J'en ai gagné <u>beaucoup</u>.

Les joueurs de tennis ont dû terminer le match <u>sous</u> la pluie.

La cloche a sonné, <u>alors</u> nous sommes descendus dans la cour.

3

s–è–t–r → très

m–o–c–e–m → comme

n–a–s–d → dans

r–o–s–l–a → alors

4

Cet enfant joue **très** bien du violon.

La taupe est un petit animal qui vit **sous** terre.

Les enfants sont partis jouer **dehors** tous ensemble.

Ils ont accepté notre invitation **sans** hésiter.

Tu peux choisir une glace ou une gaufre, c'est **comme** tu veux.

5

Autre mot pour dire « parce que » : car

Contraire de « sous » : sur

Après « aujourd'hui » : demain

Contraire de « dedans » : dehors

6

un sous-marin — *un surnom* — *un sous-pull*

une sous-tasse — *le sous-sol* — *survoler*

7

Fais lire tes deux phrases à ton maître ou à ta maîtresse.

8

A	B	E	S	G	U	D	E	M	A	I	N
L	C	O	A	P	E	T	R	E	F	A	N
O	A	L	N	I	S	R	E	D	L	U	S
R	R	I	S	V	P	È	D	A	N	S	U
S	A	S	O	U	S	S	O	X	T	E	R

CORRECTIONS

30 Les mots invariables *pages 90-91*

1

- un mot où tu entends le son [e]  : ass**ez**.
- deux mots où la lettre **t** ne s'entend pas : devan**t**, souven**t**.
- un mot où tu entends le son [wa]  : v**oi**là.

2

<u>Pour</u> calculer rapidement, j'utilise une calculatrice.
Olivier a <u>encore</u> faim, alors il mange une banane.
Cet enfant a été félicité <u>par</u> la maîtresse.
Le bus était en retard mais il est <u>enfin</u> arrivé.

3

souvent — devant — encore — avant

comment — enfin — dans — quand

4

Mes grands-parents n'ont pas **encore** reçu ma carte postale.
En arrivant à l'école, nous nous rangeons **devant** la porte.
Le spectacle a commencé **par** un numéro de magie.
Le boulanger se lève **toujours** très tôt le matin.
J'ai perdu ma gomme. « La **voilà** », me dit mon voisin.

5

vite | souvent | devant | voilà

6

s–a–p → pas
z–a–s–e–s → assez
f–e–n–n–i → enfin
t–i–e–v → vite
o–c–e–n–r–e → encore
s–l–u–p → plus

7

Contraire de « derrière » : devant
Autre mot pour dire « finalement » : enfin
Contraire de « jamais » : toujours
Va avec « voici » : voilà

8

			D			V	O	I	L	À	
A			E			I					
S	O	U	V	E	N	T			P	A	S
S			A			E			O		
E			N						U		
Z			T	O	U	J	O	U	R	S	

Révisions

pages 92-93

1 Il faut écrire : tapis, chapeau, girafe, oreille.

2 Fais lire tes mots à ton maître ou à ta maîtresse.
Pour t'aider, voici quelques exemples de mots :

- un mot où le son [e] s'écrit **er** : achet**er**, all**er**, févri**er**,
- un mot où le son [f] s'écrit **ph** : paragra**ph**e, **ph**otogra**ph**e,
- un mot qui s'écrit avec la lettre **y** : p**y**jama, st**y**lo, cra**y**on,
- un mot qui finit par la lettre **x** : si**x**, deu**x**, heureu**x**.

3

(s)oleil	e(s)calier	(c)erise	(s)ouris
addi(t)ion	mer(c)i	dan(s)er	cla(s)(s)e

4

la **maî** tresse	la **tê** te	ache **ter**
une **mai** son	ma **mè** re	le cô **té**

5

un homme	haut	beaucoup	drôle
le cadeau	zéro	un trésor	jaune

6

l'école	le soleil	une fête	le ciel
mon frère	le gâteau	décembre	après

7 Que regardes-**tu** à travers la vitre de ta chambre ?
Ils (ou **elles**) ont joué de la guitare durant toute la soirée.
Vous soulignez les verbes en rouge et **vous** entourez les noms en bleu.

8

			R	O	I		
M	A	I	S	O	N		
			J	O	U	R	N	A	L
S	T	Y	L	O			

CORRECTIONS

32 Révisions

pages 94-95

1 Il faut écrire : lapin, camion, main, chaise.

2 Fais lire tes mots à ton maître ou à ta maîtresse.
Pour t'aider, voici quelques exemples de mots :

- un mot où le son [ɛ̃]  s'écrit **in** : lap**in**, moul**in**, v**in**gt,
- un mot où le son [z]  s'écrit **s** : maga**s**in, oi**s**eau, cui**s**ine,
- un mot qui s'écrit avec la lettre **h** : **h**iver, **h**omme, **h**uit,
- un mot dont l'orthographe ne varie jamais : **beaucoup**, **sans**, **toujours**.

3

gauche	bagage	guitare	gagner
aigle	baignoire	vingt	langue

4

une fleur rouge → des fleurs rouges
le joli chapeau → les jolis chapeaux
mon grand frère → mes grands frères
un petit tapis → des petits tapis

5

un oiseau	la leçon	onze	un hérisson
la couleur	le bouquet	voir	un mouchoir

6

t–a–c–h → chat
n–a–i–p → pain
n–o–l–g → long
x–y–e–u → yeux

7 Avant de traverser, je regarde à droite et à gauche.
Combien de stylos bleus as-tu dans ta trousse ?

8

CENT →

D	E	N	T

BALCON →

B	A	L	L	O	N

MALADE →

S	A	L	A	D	E

N° d'éditeur : 10116839 - D.L. : juin 2004
Imprimerie France Quercy, Cahors - N° d'impression : 41600
Imprimé en France